하루 10분만 투자해서 일본어 일상 단어 정복!
해커스일본어 **200%** 활용법!

 교재 MP3
해커스일본어(japan.Hackers.com) 접속 후 로그인 ▶
상단의 [교재/MP3 → MP3/자료]를 클릭하세요.

 주제별 단어 퀴즈(PDF)
JLPT N4 하프모의고사(PDF+MP3)

해커스일본어(japan.Hackers.com) 접속 후 로그인 ▶
상단의 [교재/MP3 → MP3/자료]를 클릭하세요.

해커스일본어 [MP3/자료]
바로가기 ▲

 일본어 회화 동영상강의
해커스일본어(japan.Hackers.com) 접속 ▶
[무료강의/자료] ▶ [무료강의]를 클릭하세요.

해커스일본어 [무료강의]
바로가기 ▲

 단어장 암기 영상

해커스일본어 [유튜브]
바로가기 ▲

*단어 학습 영상은 순차 업로드 예정

일본어 회화/단어 실력을 더 빠르게 완성하고 싶다면?
일본어 교육 1위 해커스와 인강으로 만나요!

해커스일본어 단과/종합 인강 **30%** 할인쿠폰

K808-4F9C-C7K7-9000 *쿠폰 유효기간: 쿠폰 등록 후 30일

[이용 방법]
해커스일본어 사이트(japan.Hackers.com) 접속 후 로그인 ▶
메인 우측 하단 [쿠폰&수강권 등록]에서 쿠폰번호 등록 후 강의 결제 시 사용 가능

* 본 쿠폰은 ID당 1회에 한해 등록 가능합니다.
* 이 외 쿠폰과 관련된 문의는 해커스 고객센터(02-537-5000)로 연락 바랍니다.

쿠폰 등록 바로가기 ▶

* 한경비즈니스 선정 2020 한국브랜드선호도 교육(온·오프라인 일본어) 부문 1위

해커스일본어를 선택한 선배들의
일본어 실력 수직상승 비결!

해커스일본어와 함께라면
일본어 실력상승의 주인공은 바로 여러분 입니다.

답답한 마음을 마치 사이다같이 뚫어주는 꿀팁!

해커스일본어 수강생 이*희

해커스일본어를 통해 공부하기 시작하니 그동안 잃었던 방향을 찾고 꽉 막힌 미로 속에서 지도를 찾은 기분이었고, 덕분에 혼자 공부를 하면서도 아주 만족하면서 공부를 할 수 있었던 것 같습니다. 특히나 혼자 책으로 공부했다면 절대 몰랐을 여러 선생님들의 설명들이 답답한 마음을 마치 사이다같이 뚫어주셔서 꿀팁들이 나올 때마다 마음속으로 정말 환호를 질렀습니다.

 해커스일본어수강생한*민

정말 유익한 강의였습니다!

실생활에서 유용하게 쓸 수 있는 회화나 속담 등을 배우게 되어 유학을 생각하고 있는 저의 입장에선 정말 필요로 했었고 만족스러운 강의였습니다. 강의를 들으면서 선생님의 발음을 따라 하다 보니 학습효과도 배로 늘었습니다.

지금까지 들었던 회화 수업 중에서 최고입니다.

해커스일본어수강생박*비

저는 현재 일본에 살고 있음에도 불구하고 해커스일본어 회화 강의를 들으며 내가 평상시에 잘못된 일본어를 쓰고 있었구나 다시 한번 깨닫게 되네요. 매 강의 마지막 부분에 일본 문화에 대해서도 다루어 주셔서 더욱더 재밌는 것 같아요!

 해커스일본어수강생 김정*

원어민 선생님 수업으로 발음 교정하기 좋아요!

원어민 발음으로 시작하는 일본어 회화라는 강의를 통해서 한국인이 일본어 발음을 할 때 주의할 점이나 다양한 도움 되는 선생님 꿀팁을 얻을 수 있었습니다. 수업 장점은 우선 원어민 선생님의 본토 발음을 들으면서 자신의 발음을 교정 받을 수 있다는 점이고, 강의 하나하나 원어민 선생님이 천천히 설명해 주시고 강의 속도가 빠르지 않아서 하나도 놓치지 않고 잘 들을 수 있었습니다.

해커스

하루 딱! 10분

일본어
일상 단어

🏛 해커스일본어

Part 2 **문화/여가 라이프**

해커스 하루 딱! 10분 일본어 일상 단어

부록

해커스만의 특별한 무료 학습 자료

 교재 MP3

 JLPT N4 하프 모의고사
(문제+해설 PDF)

 주제별 단어 퀴즈
(PDF)

 단어장 암기 영상
(유튜브 「해커스 일본어」 채널)

모든 MP3와 학습 자료는 해커스일본어 사이트(japan.Hackers.com)에서 무료로 다운로드 받으실 수 있습니다.

이 책의 활용법

하루 딱! 10분 단어 학습

주제별로 2페이지씩 하루 딱! 10분으로 일본어 일상 단어를 학습해 보세요!
꼭 앞에서부터 학습하지 않아도 돼요. 내가 공부하고 싶은 주제부터 재미있게 학습해 보세요.

① QR코드로 MP3 바로 듣기

QR코드를 통해 언제 어디서든 일본인 원어민 발음을 들으며 편리하게 학습해 보세요.

② 우리말 뜻 보고 일본어 단어 학습하기

먼저 우리말 뜻을 보고 어떤 일본어 단어를 배우게 될지 떠올려 보세요. 그리고 나서 일본어 단어를 크게 읽고 쓰면서 익혀 보세요.

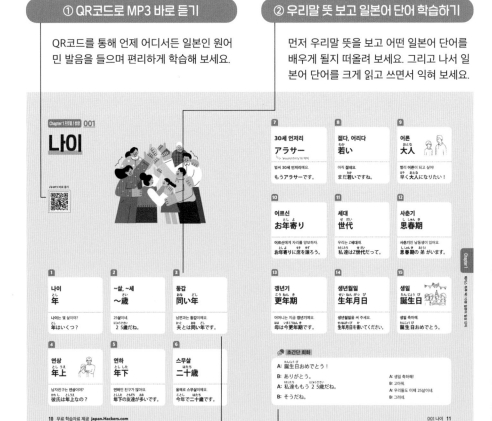

③ 일상생활 예문으로 학습하기

일상생활에서 자주 사용되는 짧은 말로 구성된 문장을 보고 실생활에서 어떻게 쓰는지 익혀 보세요.

④ 초간단 회화로 마무리하기

익힌 단어와 문장이 사용된 초간단 회화를 보면서 학습한 주제의 단어와 문장을 다시 한 번 떠올려 보세요.

추가 학습

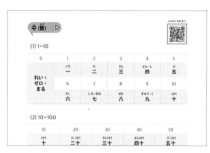

일본어 기초 단어 학습하기

수, 수사, 시간, 날짜, 기념일, 단위, 방위/위치, 계절/날씨, 가족, 색깔 등 일상생활에서 자주 쓰는 아주 기초적인 일본어 단어를 학습해 보세요.

주제별 단어 퀴즈로 복습하기

해커스일본어 홈페이지에서 주제별 단어 퀴즈 PDF를 다운 받아 확실하게 단어를 학습했는지 스스로 점검하고 복습해 보세요.

하프 모의고사로 실력 확인하기

JLPT N4 하프 모의고사 PDF + MP3로 현재 자신의 일본어 실력이 어느 정도인지 테스트해 보세요.

다양한 버전의 MP3로 학습하기

학습용·단어 암기용·예문만 듣기·회화만 듣기 등 다양한 버전의 MP3를 다운로드 또는 QR코드 스트리밍으로 언제 어디서든 들으면서 일본어 일상 단어와 문장을 학습해 보세요.

Part 1

일상 라이프

나이

MP3 바로 듣기

1

나이
とし
年

나이는 몇 살이야?
とし
年はいくつ？

2

~살, ~세
さい
〜歳

25살이네.
にじゅうごさい
２５歳だね。

3

동갑
おな　　どし
同い年

남편과는 **동갑**이에요.
おっと　　　おな　どし
夫とは同い年です。

4

연상
とし うえ
年上

남자친구는 **연상**이야?
かれし　　としうえ
彼氏は年上なの？

5

연하
とし した
年下

연하인 친구가 많아요.
としした　　ともだち　おお
年下の友達が多いです。

6

스무살
はたち
二十歳

올해로 **스무살**이에요.
ことし　　　はたち
今年で二十歳です。

7

30세 언저리

アラサー

'around thirty'의 약어

벌써 **30세 언저리**예요.

もう**アラサー**です。

8

젊다, 어리다

わか
若い

아직 **젊**네요.

わか
まだ**若い**ですね。

9

어른

おとな
大人

빨리 **어른**이 되고 싶어!

はや　おとな
早く**大人**になりたい！

10

어르신

とし　よ
お年寄り

어르신에게 자리를 양보하자.

とし よ　　せき　ゆず
お年寄りに席を譲ろう。

11

세대

せ　だい
世代

우리는 Z**세대**래.

わたしたち　　せ だい
私達は Z**世代**だって。

12

사춘기

し しゅん き
思春期

사춘기인 남동생이 있어요.

し しゅんき　　おとうと
思春期の 弟 がいます。

13

갱년기

こう ねん き
更年期

어머니는 지금 **갱년기**예요.

はは　 いまこうねん き
母は今**更年期**です。

14

생년월일

せい ねん がっ ぴ
生年月日

생년월일을 써 주세요.

せいねんがっ ぴ　 か
生年月日を書いてください。

15

생일

たん じょう び
誕生日

생일 축하해.

たんじょう び
誕生日おめでとう。

💬 **초간단 회화**

たんじょう び
A: 誕生日おめでとう！

B: ありがとう。

わたしたち　　　 にじゅうごさい
A: 私達ももう ２５歳だね。

B: そうだね。

A: 생일 축하해!

B: 고마워.

A: 우리들두 이제 25살이네

B: 그러네.

※ <주제별 단어 퀴즈 PDF>로 단어를 복습해 보세요.

출신

🎧 MP3 바로 듣기

1

출신
しゅっしん
出身

출신은 도쿄예요.
しゅっしん　とうきょう
出身は**東京**です。

2

태어난 곳
う
生まれ

태어난 곳은 아이치현이에요.
う　　　　あいちけん
生まれは**愛知県**です。

3

고장
じ　もと
地元

고장을 떠날 생각이에요.
じもと　はな
地元を**離**れるつもりです。

4

본가
じっか
実家

본가에서 생활하세요?
じっか　く
実家で**暮**らしてますか？

5

동네
まち
町

이 동네에서 자랐어요.
まち　そだ
この**町**で**育**ちました。

6

마을
むら
村

제가 태어난 마을이에요.
わたし　う　　　　　むら
私が**生**まれた**村**です。

7

도시
都会
とかい

도시에서 살고 싶어.
都会で暮らしたいな。
とかい　く

8

시골
田舎
いなか

시골에서 상경했습니다.
田舎から上京しました。
いなか　じょうきょう

9

홋카이도
北海道
ほっかいどう

⤷ 일본을 구성하는 주요 4개 섬 중 하나

홋카이도에서 왔어요.
北海道から来ました。
ほっかいどう　き

10

혼슈
本州
ほんしゅう

⤷ 일본을 구성하는 주요 4개 섬 중 하나

혼슈를 나간 적이 없어.
本州から出たことがない。
ほんしゅう　で

11

시코쿠
四国
しこく

⤷ 일본을 구성하는 주요 4개 섬 중 하나

시코쿠에 거주 중이에요.
四国在住です。
しこくざいじゅう

12

규슈
九州
きゅうしゅう

⤷ 일본을 구성하는 주요 4개 섬 중 하나

규슈에서 나고 자랐어.
九州で生まれ育ったの。
きゅうしゅう　う　そだ

13

나라
国
くに

어느 나라에서 왔어요?
どこの国から来ましたか？
くに　き

14

국적
国籍
こくせき

미국 국적입니다.
国籍はアメリカです。
こくせき

15

귀국 자녀
帰国子女
きこくしじょ

⤷ 해외 근무하는 부모님 때문에
외국에서 살다 온 자녀

그녀는 귀국 자녀예요.
彼女は帰国子女ですよ。
かのじょ　きこくしじょ

💬 **초간단 회화**

A: どこから来ましたか？
　　　　き

B: 北海道から来ました。
　　　ほっかいどう　き

A: そうですか？

B: でも、生まれは愛知県です。
　　　　　う　　あいちけん

A: 어디서 오셨나요?

B: 홋카이도에서 왔어요.

A: 그래요?

B: 하지만, 태어난 곳은 아이치현이
에요.

※ <주제별 단어 퀴즈 PDF>로 단어를 복습해 보세요.

행동

🎧 MP3 바로 듣기

1

행동
こう どう
行動

혼자서 **행동**하고 싶어.
ひとり　こうどう
一人で行動したい。

2

움직이다
うご
動く

빨리 **움직인다.**
はや　うご
早く動く。

3

가다
い
行く

병원에 **간다.**
びょういん　い
病院に行く。

4

오다
く
来る

친구가 집에 **와.**
ともだち　いえ　く
友達が家に来る。

5

나가다, 나오다
で
出る

밖에 **나간다.**
そと　で
外に出る。

6

들어가다, 들어오다
はい
入る

안에 **들어갈게.**
なか　はい
中に入るよ。

7

걷다
<small>ある</small>
歩く

같이 걸을래?
<small>いっしょ　ある</small>
一緒に歩く？

8

기다리다
<small>ま</small>
待つ

이메일 답장을 기다린다.
<small>へんじ　ま</small>
メールの返事を待つ。

9

보다
<small>み</small>
見る

자신을 본다.
<small>じぶん　み</small>
自分を見る。

10

듣다, 묻다
<small>き</small>
聞く

음악을 듣는다.
<small>おんがく　き</small>
音楽を聞く。

11

말하다
<small>い</small>
言う

선생님이 **말한다**.
<small>せんせい　い</small>
先生が言う。

12

사용하다
<small>つか</small>
使う

스마트폰을 **사용한다**.
<small>つか</small>
スマホを使う。

13

들다, 가지다
<small>も</small>
持つ

짐을 든다.
<small>にもつ　も</small>
荷物を持つ。

14

주다
あげる

선물을 준다.
プレゼントをあげる。

15

받다
もらう

용돈을 받는다.
おこづかいをもらう。

💬 **초간단 회화**

<small>なか　はい</small>
A: 中に入るよ～。
<small>おんがく　き　とき</small>
B: 音楽を聞く時はじゃましないでよ。
<small>わたし</small>
A: ごめん。ここに私のスマホなかった？
B: あ、そっちにあるよ。

A: 안에 들어갈게~.
B: 음악을 들을 때는 방해하지 마.
A: 미안. 여기에 내 스마트폰 없어?
B: 아, 저기에 있어.

※ <주제별 단어 퀴즈 PDF>로 단어를 복습해 보세요.

기분 / 감정

🎧 MP3 바로 듣기

1

기분, 마음
気持ち
きも

기분이 좋아!
気持ちがいい！
きも

2

기분, 심신의 상태
気分
き ぶん

토할 것 같은 **기분**이에요.
吐きそうな気分です。
は　　　　　　き ぶん

3

마음
心
こころ

마음이 따뜻해지네요.
心が温かくなりますね。
こころ　あたた

4

감정
感情
かんじょう

이 **감정**을 전하고 싶어.
この**感情**を伝えたい。
かんじょう　つた

5

행복하다
幸せだ
しあわ

정말 **행복해**.
とても**幸せだ**。
しあわ

6

기쁘다
嬉しい
うれ

진짜 **기뻐**.
本当に嬉しい。
ほんとう　うれ

7

재미있다
おも しろ
面白い

재미있는 이야기네.
おもしろ　はなし
面白い話だね。

8

즐겁다
たの
楽しい

즐거운 여행이었지.
たの　　りょこう
楽しい旅行だったね。

9

슬프다
かな
悲しい

슬픈 사건이네요.
かな　　じけん
悲しい事件ですね。

10

무섭다
こわ
怖い

좀 무서워.
こわ
ちょっと怖い。

11

외롭다
さび
寂しい

혼자는 **외로워**.
ひとり　さび
一人は寂しい。

12

부끄럽다
は
恥ずかしい

엄청 부끄러워.
は
すごく恥ずかしい。

13

불안하다
ふ　あん
不安だ

진짜 불안해.
ほんとう　ふ　あん
本当に不安だ。

14

걱정이다
しん ぱい
心配だ

합격할 수 있을지 **걱정이다**.
ごうかく　　　　しんぱい
合格できるか心配だ。

15

감성 돋다
エモい

이 사진, 감성 돋네.
しゃしん
この写真、エモいね。

💬 **초간단 회화**

ほんとう　たの　　りょこう
A: **本当に楽しい旅行だったね。**

B: **そうだね。**

しゃしん　み
A: **写真、見て。**

しゃしん
B: **わあ、この写真、エモいね。**

A: 진짜 즐거운 여행이었지.

B: 그렇네.

A: 사진, 봐 봐.

B: 와, 이 사진, 감성 돋네.

※ <주제별 단어 퀴즈 PDF>로 단어를 복습해 보세요.

성격

1

성격
せい かく
性格

- - - - - - - - - - - - - - -

성격이 밝아.
せいかく あか
性格が明るい。

2

상냥하다
やさ
優しい

- - - - - - - - - - - - - - -

모리 씨는 정말 **상냥해**.
もり ほんとう やさ
森さんは本当に**優しい**。

3

얌전하다
おとな
大人しい

- - - - - - - - - - - - - - -

얌전한 성격이에요.
おとな せいかく
大人しい性格です。

4

성실하다
まじめ
真面目だ

- - - - - - - - - - - - - - -

정말 **성실해**.
まじめ
とても**真面目**だよ。

5

솔직하다
すなお
素直だ

- - - - - - - - - - - - - - -

스스로의 기분에 **솔직하다**.
じぶん きも すなお
自分の気持ちに**素直**だ。

6

꼼꼼하다
き ちょうめん
几帳面だ

- - - - - - - - - - - - - - -

그는 **꼼꼼해**.
かれ き ちょうめん
彼は**几帳面**だ。

7

신중하다
慎重だ
しん ちょう

매사에 **신중하**네.
何事にも慎重だね。
なにごと　　　しんちょう

8

대담하다
大胆だ
だい たん

꽤 **대담하**네.
結構大胆だね。
けっこうだいたん

9

긍정적이다
前向きだ
まえ む

항상 **긍정적이**야.
いつも前向きだ。
まえ む

10

적극적이다
積極的だ
せっきょくてき

의외로 **적극적이**다.
意外と積極的だ。
い がい　　せっきょくてき

11

내성적이다
内気だ
うち き

실제로는 **내성적이**래.
本当は内気だって。
ほんとう　　うちき

12

성격이 급함
せっかち

저, 좀 **성격이 급해**요.
私、少しせっかちなんです。
わたし　すこ

13

집돌이, 집순이
インドア派
は

집돌이라 집이 좋아.
インドア派で家が好き。
は　　いえ　す

14

인싸
陽キャ
よう

인싸가 되고 싶어.
陽キャになりたい。
よう

15

귀차니스트
面倒くさがり
めん ど

저, 완전 **귀차니스트**예요.
私、超面倒くさがりです。
わたし　ちょうめんど

💬 **초간단 회화**

A: 新人の田中くん、どう？
　　しんじん　た なか

B: 彼、とても真面目だよ。
　　かれ　　　　まじめ

A: へえ、そうなんだ。

B: それに意外と積極的だし。
　　　　　い がい　せっきょくてき

A: 신입인 다나카 군, 어때?

B: 그 사람, 정말 성실해.

A: 외, 그렇구니.

B: 게다가 의외로 적극적이고.

※ <주제별 단어 퀴즈 PDF>로 단어를 복습해 보세요.

취향

🎧 MP3 바로 듣기

1

취향
この
好み

내 **취향**은 아니야.
わたし　この
私の好みじゃない。

2

좋다
いい・よい

나는 이게 **좋아**.
わたし
私はこれがいい。

3

좋아하다
す
好きだ

단 것을 **좋아해**.
あま　もの　す
甘い物が好きだ。

4

만족스럽다
まん ぞく
満足だ

전부 **만족스러워**.
ぜん ぶ まんぞく
全部満足だ。

5

나쁘다
わる
悪い

평판이 **나빠**.
ひょうばん　わる
評判が悪い。

6

싫어하다
きら
嫌いだ

낫토를 **싫어해**.
なっとう　きら
納豆が嫌いだ。

7

질색이다
苦手だ
<small>にが て</small>

거미는 질색이야.
くもは苦手だ。
<small>にが て</small>

8

호불호
好き嫌い
<small>す　きら</small>

호불호가 갈려.
好き嫌いが分かれる。
<small>す　きら　　わ</small>

9

매력적이다
魅力的だ
<small>み りょくてき</small>

디자인이 매력적이야.
デザインが魅力的だ。
<small>み りょくてき</small>

10

추천
おすすめ

추천은 뭔가요?
おすすめは何ですか？
<small>なん</small>

11

관심
興味
<small>きょう み</small>

새에 관심이 있어.
鳥に興味があるよ。
<small>とり　きょうみ</small>

12

갖고 싶다
欲しい
<small>ほ</small>

이게 갖고 싶어.
これが欲しい。
<small>ほ</small>

13

가장 좋아하는 것
大好物
<small>だい こう ぶつ</small>

푸딩을 가장 좋아해요.
プリンが大好物です。
<small>だいこうぶつ</small>

14

빠지다, 열중하다
はまる

힙합에 빠지다.
ヒップホップにはまる。

15

요즘 빠져있는 것
マイブーム

요즘 빠져있는 노래예요.
マイブームの曲です。
<small>きょく</small>

💬 초간단 회화

A: この曲どう？
<small>きょく</small>
B: 私の好みじゃない。
<small>わたし　この</small>
A: 本当？僕はいいと思うけど。
<small>ほんとう　ぼく　　　　おも</small>
B: ヒップホップは好き嫌いが分かれるからね。
<small>す　きら　　わ</small>

A: 이 노래 어때?
B: 내 취향은 아니야.
A: 진짜? 니는 좋은 깃 긑은데.
B: 힙합은 호불호가 갈리니까.

※ <주제별 단어 퀴즈 PDF>로 단어를 복습해 보세요.

주거환경

🎧 MP3 바로 듣기

1

집
いえ
家

집이 멀어요.
いえ　とお
家が遠いです。

2

주택
じゅうたく
住宅

공동 주택에서 살고 있어요.
きょうどうじゅうたく　す
共同住宅に住んでます。

3

단독 주택
いっけん　や
一軒家

단독 주택에 살아 보고 싶어.
いっけん や　す
一軒家に住んでみたい。

4

맨션
マンション

세련된 맨션이네요.
おしゃれなマンションですね。

5

집 구조
まど
間取り

집 구조는 중요해.
まど　　　だいじ
間取りは大事だよ。

6

집세
や　ちん
家賃

집세 비싸지 않아요?
や ちんたか
家賃高くないですか？

7
자취, 혼자 살기
ひとり ぐ
一人暮らし

자취를 시작했어요.
ひとりぐ　　　　はじ
一人暮らしを始めました。

8
하숙
げ しゅく
下宿

하숙을 하고 있어요.
げ しゅく
下宿をしてます。

9
역세권
えき ちか
駅近

역세권이라 편해요.
えきちか　　べん り
駅近で便利です。

10
교외
こう がい
郊外

교외에서 살고 싶어요.
こうがい　す
郊外に住みたいです。

11
이사
ひ こ
引っ越し

다음 주에 **이사**해.
らいしゅうひ こ
来週引っ越しするの。

12
이웃
きん じょ
近所

이웃에 민폐를 끼쳤어.
きんじょ　めいわく
近所に迷惑をかけちゃった。

13
공원
こう えん
公園

공원도 가까운 곳에 있어.
こうえん　ちか
公園も近いところにある。

14
상점가
しょうてん がい
商店街

근처에 **상점가**가 있어요.
ちか　　しょうてんがい
近くに商店街があります。

15
남향
みなみ む
南向き

남향인 방이 인기예요.
みなみ む　　　へ や　　にん き
南向きの部屋が人気です。

Chapter 2

해커스 하루 딱! 10분 일본어 일상 단어

💬 **초간단 회화**

じっ か　く
A: 実家で暮らしてますか？
さいきん ひとり ぐ　　　　　　はじ
B: いえ、最近一人暮らしを始めました。
や ちんたか
A: 家賃高くないですか？
たか　　　　えきちか　　べん り
B: 高いけど、駅近で便利です。

A: 본가에서 생활하세요?
B: 아뇨, 최근에 자취를 시작했어요.
A. 집세 비싸지 않아요?
B: 비싸지만, 역세권이라 편해요.

※ <주제별 단어 퀴즈 PDF>로 단어를 복습해 보세요.

방

🎧 MP3 바로 듣기

1

방
へ や
部屋

방이 넓네.
へ や　　ひろ
部屋が広いね。

2

문
ドア

문 열어.
　　　　あ
ドアを開けて。

3

침대
ベッド

침대에서 자고 싶어.
　　　　　　ね
ベッドで寝たい。

4

이불
ふ とん
布団

이불을 개렴.
ふ とん　たた
布団を畳みなさい。

5

늦잠
ね ぼう
寝坊

늦잠을 자 버렸어.
ね ぼう
寝坊してしまった。

6

(일어났다가) 다시 잠
に ど ね
二度寝

쉬는 날이라 **다시** 잤어.
やす　　　　　に ど ね
休みだから二度寝した。

7

책상
つくえ
机

책상 위
つくえ うえ
机の上

8

의자
い　す
椅子

의자가 너무 낮아.
い す ひく
椅子が低すぎる。

9

책장
ほん だな
本棚

책장에 책을 가지런히 하자.
ほんだな ほん なら
本棚に本を並べよう。

10

서랍
ひ　　だ
引き出し

서랍에 넣으면 돼?
ひ だ
引き出しにしまえばいい？

11

벽장
お　い
押し入れ

벽장에 넣어 둬.
お い い
押し入れに入れておいて。

12

가습기
か しつ き
加湿器

가습기는 어디에 둘까?
か しつき お
加湿器はどこに置こうか？

13

집안일
か　じ
家事

집안일이 많아요.
か じ おお
家事が多いです。

14

청소
そう じ
掃除

빨리 청소해.
はや そうじ
早く掃除しろ。

15

(환절기) 옷 정리
ころも が
衣替え

옷 정리할 시기네.
ころも が じき
衣替えの時期だね。

💬 **초간단 회화**

A: ケンちゃん、早く起きて布団を畳みなさい。
　　　　　　はや　お　　　　ふとん　たた

B: は～い。

A: それから、部屋も掃除しなさい。
　　　　　　　へ や　そう じ

B: あ～もうすこしベッドで寝たい。
　　　　　　　　　　　　　　ね

A: 켄 짱, 빨리 일어나서 이불을 개렴.

B: 네~.

A: 그리고, 방도 청소해.

B: 아~ 좀 더 침대에서 자고 싶어.

※ <주제별 단어 퀴즈 PDF>로 단어를 복습해 보세요.

거실

🎧 MP3 바로 듣기

1

거실
リビング

거실에 있어.

リビングにいるよ。

2

현관
げん かん
玄関

현관 잠갔어?
げんかん　かぎ
玄関の鍵はかけた？

3

천장
てんじょう
天井

천장이 높아요.
てんじょう　たか
天井が高いです。

4

마루
ゆか
床

마루를 닦아 줄래?
ゆか　ふ
床を拭いてくれる？

5

벽
か べ
壁

벽에 사진을 장식하고 싶어.
かべ　しゃしん　かざ
壁に写真を飾りたい。

6

시계
と けい
時計

시계가 멈췄어.
と けい　と
時計が止まっている。

7

소파

ソファー

소파에 앉아 있어.

ソファーに座ってて。

8

테이블

テーブル

유리 테이블

ガラステーブル

9

코타츠

こたつ

↳ 일본의 탁자형 난방 기구

코타츠 따뜻해~.

こたつあったかい〜。

10

커튼

カーテン

커튼 쳐도 돼?

カーテンを閉めてもいい？

11

텔레비전

テレビ

텔레비전을 보고 싶어.

テレビが見たい。

12

청소기

掃除機

청소기를 돌렸어요.

掃除機をかけました。

13

공기 청정기

空気清浄機

공기 청정기를 켜자.

空気清浄機をつけよう。

14

난방

暖房

난방을 켜 줄래?

暖房をつけてくれる？

15

집에 없음, 부재

留守

엄마는 집에 없으셔.

母は留守だよ。

💬 **초간단 회화**

A: おじゃまします。

B: どうぞ。ソファーに座ってて。

A: え、お母さんは？

B: 母は留守だよ。スーパーに行ってる。

A: 실례합니다.

B: 어서 와. 소파에 앉아 있어.

A: 이, 어머니는?

B: 엄마는 집에 없으셔. 슈퍼에 가셨어.

※ <주제별 단어 퀴즈 PDF>로 단어를 복습해 보세요.

주방

🎧 MP3 바로 듣기

1

주방
だいどころ
台所

주방이 좁아요.
だいどころ　せま
台所が狭いです。

2

주부
しゅ ふ
主婦

어머니는 전업주부예요.
はは　せんぎょうしゅ ふ
母は専業主婦です。

3

식탁
しょくたく
食卓

커다란 식탁이네.
おお　　　しょくたく
大きい食卓だね。

4

(밥, 국) 그릇
ちゃ
茶わん

그릇 4개 꺼내 줘.
ちゃ　　よっ　だ
茶わん4つ出して。

5

접시
さら
皿

접시를 깨 버렸어.
さら　わ
皿を割ってしまった。

6

컵

コップ

컵 씻어 줘.
あら
コップを洗って。

7
숟가락

スプーン

숟가락 좀 줄래?

スプーンちょうだい？

8
젓가락

箸_{はし}

젓가락, 가져올게.

箸、持ってくるよ。

9
냉장고

冷蔵庫_{れい ぞう こ}

냉장고에 넣어 둬.

冷蔵庫に入れておいて。

10
가스레인지

コンロ

가스레인지 불, 껐어?

コンロの火、消した？

11
전자레인지

電子レンジ_{でん し}

전자레인지로 데워.

電子レンジで温めてね。

12
밥솥

炊飯器_{すい はん き}

밥솥이 고장났어요.

炊飯器が壊れました。

13
식사

食事_{しょく じ}

가족들과 **식사**했어요.

家族と食事しました。

14
설거지

洗い物_{あら もの}

설거지 부탁해.

洗い物をお願い。

15
음식물 쓰레기

生ごみ_{なま}

음식물 쓰레기도 버려야 해.

生ごみも捨てなきゃ。

💬 **초간단 회화**

A: お父さん、残ったのはどうする？

B: 冷蔵庫に入れておいて。

A: うん、わかった。

B: あと、洗い物をお願い。

A: 아빠, 남은 건 어떻게 해?

B: 냉장고에 넣어 둬.

A: 응, 알겠어

B: 그리고, 설거지 부탁해.

※ <주제별 단어 퀴즈 PDF>로 단어를 복습해 보세요.

욕실

🎧 MP3 바로 듣기

1

목욕
ふろ
風呂

목욕하고 싶어.
ふろ はい
お風呂に入りたい。

2

샤워
シャワー

샤워를 하고 왔어.
あ
シャワーを浴びてきた。

3

물
みず
水

물이 나오지 않아요.
みず で
水が出ません。

4

따뜻한 물
ゆ
お湯

따뜻한 물 받아 놨어.
ゆ い
お湯を入れておいたよ。

5

씻다
あら
洗う

손을 씻는다.
て あら
手を洗う。

6

입욕제
にゅうよくざい
入浴剤

거품이 나는 **입욕제**야.
あわ で にゅうよくざい
泡の出る入浴剤だよ。

7

비누

せっけん

비누, 향이 좋네~.

せっけん、いい香り～。

8

수건

タオル

수건이 보송보송해.

タオルがふわふわだ。

9

칫솔

歯^はブラシ

칫솔을 바꿔 보면 어때?

歯ブラシを変えてみたら？

10

치약

歯磨き粉^{は みが こ}

치약을 짰어.

歯磨き粉をつけた。

11

가글

うがい

10초간 가글도 하자.

10秒間うがいもしよう。

12

면도, 면도기

ひげそり

면도는 귀찮아.

ひげそりはめんどうだ。

13

세면대

洗面台^{せん めん だい}

세면대가 막혔어요.

洗面台がつまりました。

14

수도꼭지

蛇口^{じゃ ぐち}

수도꼭지를 꼭 잠가.

蛇口をちゃんと閉めて。

15

거울

鏡^{かがみ}

거울을 닦아야 해.

鏡を拭かなきゃ。

💬 **초간단 회화**

A: おかえり。

B: 雨^{あめ}、ひどいね。早^{はや}くお風呂^{ふ ろ}に入^{はい}りたい。

A: お湯^ゆを入^いれておいたよ。

B: わあ～ありがとう。

A: 어서 와.

B: 비, 엄청 오네. 빨리 목욕하고 싶어.

A: 따뜻한 물 받아 놨어.

B: 와~ 고마워.

※ <주제별 단어 퀴즈 PDF>로 단어를 복습해 보세요.

세탁실 / 베란다

🎧 MP3 바로 듣기

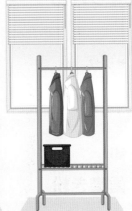

1

세탁, 빨래
せん たく
洗濯

세탁해야 해.
せんたく
洗濯しなきゃ。

2

빨래, 빨랫감
せん たく もの
洗濯物

빨래가 안 말랐어.
せんたくもの　　かわ
洗濯物が乾いていないよ。

3

세탁기
せん たく き
洗濯機

세탁기는 돌렸어?
せんたくき　　まわ
洗濯機は回したの？

4

때, 더러움
よご
汚れ

때가 잘 지워져.
よご　　　　お
汚れがよく落ちるよ。

5

얼룩
しみ

얼룩이 안 빠져.
　　　　と
しみが取れないんだ。

6

세제
せん ざい
洗剤

세제 넣었지?
せんざい い
洗剤入れたよね？

7

섬유 유연제
柔軟剤
じゅうなんざい

섬유 유연제 냄새, 좋네.
柔軟剤の匂い、いいね。
じゅうなんざい　にお

8

건조기
乾燥機
かんそうき

건조기에 넣지 마.
乾燥機に入れないで。
かんそうき　い

9

빨래 건조대
物干し竿
もの ほ　ざお

빨래 건조대에 널었어.
物干し竿にかけた。
もの ほ　ざお

10

다리미
アイロン

이거, 다리미로 다려 줘.
これ、アイロンをかけて。

11

베란다
ベランダ

베란다에 말렸어.
ベランダに干したよ。
ほ

12

발코니
バルコニー

발코니에 나와 있어.
バルコニーに出てる。
で

13

배수구
排水溝
はい すい こう

배수구가 더러워.
排水溝が汚い。
はいすいこう　きたな

14

창문
窓
まど

창문을 열어 주세요.
窓を開けてください。
まど　あ

15

환기
換気
かん き

환기하는 편이 좋아.
換気したほうがいいよ。
かんき

Chapter 2

해커스 하루 딱! 10분 일본어 왕초보 단어

💬 초간단 회화

A: 洗濯機は回したの？
せんたくき　まわ

B: うん、もう終わってベランダに干したよ。
お　　　　　　　　　ほ

A: ありがとう。

B: 他にすることない？
ほか

A: 세탁기는 돌렸어?

B: 응, 이미 끝나서 베란다에 말렸어.

A: 고마워.

B: 다른 거 할 거 없어?

※ <주제별 단어 퀴즈 PDF>로 단어를 복습해 보세요.

인테리어

🎧 MP3 바로 듣기

1

인테리어
インテリア

복고풍 **인테리어**네.

レトロな**インテリア**だね。

2

실내
しつ ない
室内

실내가 너무 어두워.
しつない くら
室内が暗すぎる。

3

공간
くう かん
空間

좁은 **공간**을 활용해요.
せま くうかん かつよう
狭い**空間**を活用します。

4

벽지
かべ がみ
壁紙

방 **벽지**를 바꾸고 싶어.
へ や かべがみ か
部屋の**壁紙**を変えたい。

5

가구
か ぐ
家具

가구를 새로 샀어.
か ぐ あたら か
家具を新しく買ったよ。

6

수납
しゅうのう
収納

수납 공간이 많아.
しゅうのう おお
収納スペースが多い。

조명
しょうめい
照明

조명을 어둡게 해 줄래?
しょうめい お
照明を落としてくれる？

8

문 손잡이
ドアノブ

오래된 **문 손잡이**를 바꿨어.
ふる か
古い**ドアノブ**を変えた。

9

꽃병
か びん
花瓶

꽃병을 두었어요.
か びん お
花瓶を置きました。

10

골동품
アンティーク

골동품을 모으고 있어.
あつ
アンティークを集めている。

11

배치
はい ち
配置

소파 **배치** 어떻게 할까?
はい ち
ソファーの**配置**どうする？

12

가구 배치를 바꿈
も よう が
模様替え

방의 **가구 배치**를 바꿨어.
へ や も よう が
部屋を**模様替え**した。

13

사서 갖추다
か
買いそろえる

가전제품을 **사서 갖추다**.
か でん か
家電を**買いそろえる**。

14

북유럽풍
ほく おう ふう
北欧風

북유럽풍 거실이네요.
ほくおうふう
北欧風のリビングですね。

15

쾌적하다
かい てき
快適だ

꽤 넓고 **쾌적**하네.
ひろ かいてき
けっこう広くて**快適**だね。

💬 초간단 회화

A: レトロなインテリアだね。
あつ
B: うん、アンティークを集めている。

A: へえ、すごい〜。

B: ありがとう。

A: 복고풍 인테리어네.

B: 응, 골동품을 모으고 있어.

A: 와, 정말 멋지다~.

B: 고마워.

※ <주제별 단어 퀴즈 PDF>로 단어를 복습해 보세요.

곡물 / 유제품

🎧 MP3 바로 듣기

MILK

1

쌀
こめ
米

어디 쌀이 맛있어?
こめ
どこの**米**がおいしいの？

2

보리
むぎ
麦

보리 향이 좋아.
むぎ かお す
麦の香りが好き。

3

면
めん
麺

면이 엄청 길어.
めん なが
麺がすごく長い。

4

떡
もち
餅

떡 좀 먹어봐.
もち た
餅を食べてみて。

5

밥
はん
ご飯

밥 남기지 마.
はん のこ
ご飯を残さないで。

6

밀가루
こ むぎ こ
小麦粉

밀가루로 만들어졌어요.
こむぎこ つく
小麦粉で作られています。

7

콩
まめ
豆

밥에 **콩**이 들어 있어요.
はん　まめ　はい
ご飯に豆が入ってます。

8

땅콩
ピーナッツ

땅콩은 못 먹어.
　　　　　　　た
ピーナッツは食べられない。

9

호두
くるみ

호두도 들어 있어.
　　　　　　　はい
くるみも入ってるよ。

10

유제품
にゅうせい ひん
乳製品

유제품은 자제하고 있어요.
にゅうせいひん　ひか
乳製品は控えています。

11

우유
ぎゅうにゅう
牛乳

우유, 마시지 않을래?
ぎゅうにゅう　の
牛乳、飲まない？

12

두유
とうにゅう
豆乳

두유를 마시고 싶어.
とうにゅう　の
豆乳が飲みたい。

13

요구르트
ヨーグルト

요구르트를 자주 먹어.
　　　　　　　た
ヨーグルトをよく食べる。

14

치즈
チーズ

이 **치즈**, 잘 늘어나네!
　　　　　　　　の
このチーズ、よく伸びる！

15

버터
バター

버터를 바르나요?
バターをぬりますか？

Chapter 3

해커스 하루 딱! 10분 일본어 일상 단어

💬 **초간단 회화**

A: もち　た　　　　　ぼく　つく
　餅を食べてみて。僕が作ったよ。

B: いただきます。おいしいね、これ！

A: でしょ？くるみも入ってるよ。
　　　　　　　　　　　はい

B: うん！本当においしい！
　　　　ほんとう

A: 떡 좀 먹어봐. 내가 만들었어.

B: 잘 먹을게. 맛있네, 이거!

A: 그치? 호두두 들어 있어

B: 응! 진짜 맛있어!

※ <주제별 단어 퀴즈 PDF>로 단어를 복습해 보세요.

014 곡물 / 유제품　**37**

육류 / 어패류

🎧 MP3 바로 듣기

1

고기
にく
肉

고기가 구워졌어.
にく や
肉が焼けたよ。

2

소고기
ぎゅう にく
牛肉

소고기를 사 왔어요.
ぎゅうにく か
牛肉を買ってきました。

3

돼지고기
ぶた にく
豚肉

돼지고기로 만든 요리예요.
ぶたにく つく りょうり
豚肉で作った料理です。

4

닭고기
とり にく
鶏肉

닭고기 쪽이 좋아.
とりにく す
鶏肉のほうが好き。

5

소시지

ソーセージ

소시지도 굽자.
や
ソーセージも焼こう。

6

생선
さかな
魚

생선이 신선하네.
さかな しんせん
魚が新鮮だね。

7

참치

まぐろ

참치회로 할게.

まぐろの刺身(さしみ)にするね。

8

고등어

さば

고등어를 구웠어요.

さばを焼(や)きました。

9

장어

うなぎ

장어 먹으러 가자.

うなぎを食(た)べに行(い)こう。

10

문어

たこ

이 **문어**, 부드럽네.

この**たこ**、柔(やわ)らかいね。

11

오징어

いか

오징어를 손질해요.

いかをさばきます。

12

게

かに

게는 먹기 힘들어.

かには食(た)べにくい。

13

새우

えび

새우를 가장 좋아해요.

えびが一番(いちばん)好(す)きです。

14

조개

貝(かい)

조개도 넣었어.

貝(かい)も入(い)れたよ。

15

냉동

冷凍(れいとう)

꽁치는 **냉동**해 놨어.

さんまは**冷凍**(れいとう)しといた。

초간단 회화

A: 肉(にく)が焼(や)けたよ！
B: わあ、早(はや)く食(た)べよう！
A: そうだ、ソーセージも焼(や)こう。
B: いいよ～。

A: 고기가 구워졌어!
B: 와, 빨리 먹자!
A: 맞다, 소시지도 굽자.
B: 좋아~.

※ <주제별 단어 퀴즈 PDF>로 단어를 복습해 보세요.

과일 / 야채

🎧 MP3 바로 듣기

1

과일
<ruby>果物<rt>くだ もの</rt></ruby>

과일을 좋아해요.
<ruby>果物<rt>くだもの</rt></ruby>が<ruby>好<rt>す</rt></ruby>きです。

2

딸기
いちご

딸기 케이크를 만들었어.
いちごのケーキを<ruby>作<rt>つく</rt></ruby>った。

3

사과
りんご

매일 아침 **사과**를 먹고 있어.
<ruby>毎朝<rt>まいあさ</rt></ruby>りんごを<ruby>食<rt>た</rt></ruby>べてる。

4

귤
みかん

이 **귤**, 달콤하네.
このみかん、<ruby>甘<rt>あま</rt></ruby>いね。

5

복숭아
もも

이 **복숭아**는 아직 딱딱해.
このももはまだ<ruby>硬<rt>かた</rt></ruby>いよ。

6

수박
すいか

이 **수박**, 크다!
このすいか、<ruby>大<rt>おお</rt></ruby>きい！

7

포도

ぶどう

포도가 맛있었어.

ぶどうがおいしかった。

8

야채, 채소

野菜
や　さい

야채도 먹어.

野菜も食べてよ。
や　さい　た

9

당근

にんじん

당근은 싫어.

にんじんは嫌い。
きら

10

감자

じゃがいも

감자를 으깨 줘.

じゃがいもをつぶして。

11

오이

きゅうり

오이도 잘라?

きゅうりも切る？
き

12

파

ねぎ

파는 마지막에 넣어.

ねぎは最後に入れる。
さいご　い

13

양파

たまねぎ

양파가 두 알 필요해요.

たまねぎが二つ必要です。
ふた　ひつよう

14

야채 가게

八百屋
や　お　や

저기 야채 가게에서 샀어.

あそこの八百屋で買った。
やおや　か

15

제철

旬
しゅん

제철 채소가 맛있어.

旬の野菜がおいしい。
しゅん　や　さい

💬 **초간단 회화**

A: 料理、手伝ってあげる。
りょう り　　て つだ

B: ありがとう。まず、じゃがいもをつぶして。

A: わかった。きゅうりも切る？
き

B: うん、それもお願い。
ねが

A: 요리, 도와줄게.

B: 고마워. 먼저, 감자를 으깨 줘.

A: 알았어. 오이도 잘라?

B: 응, 그것도 부탁해.

※ <주제별 단어 퀴즈 PDF>로 단어를 복습해 보세요.

조미료/맛

🎧 MP3 바로 듣기

1

조미료
ちょう み りょう
調味料

조미료는 뭐가 들어가나요?
ちょうみりょう なに はい
調味料は何が入りますか。

2

설탕
さ とう
砂糖

설탕도 넣어?
さ とう い
砂糖も入れるの？

3

소금
しお
塩

소금을 칩니다.
しお
塩をかけます。

4

식초
す
酢

식초를 희석합니다.
す うす
酢を薄めます。

5

간장
しょうゆ

간장을 더해요.
くわ
しょうゆを加えます。

6

된장
み そ
味噌

된장을 물에 풉니다.
み そ と
味噌を溶かします。

7

후추

コショウ

후추를 뿌립니다.

コショウをふります。

8

맛

味_{あじ}

어떤 맛이 나?

どんな味_{あじ}がする？

9

맛있다

おいしい

맛있는 한국 음식점

おいしい韓国料理店_{かんこくりょうりてん}

10

맛없다

まずい

요리가 맛없어.

料理_{りょうり}がまずい。

11

달다

甘_{あま}い

조금 달아.

少_{すこ}し甘_{あま}い。

12

짜다

しょっぱい

짠 게 먹고 싶어.

しょっぱいのが食_たべたい。

13

쓰다

苦_{にが}い

쓴 건 싫어.

苦_{にが}いのは嫌_{きら}い。

14

맵다

辛_{から}い

매운 쪽이 좋아.

辛_{から}いほうが好_すき。

15

시큼하다, 시다

酸_すっぱい

이 매실장아찌 시큼해.

この梅干_{うめぼ}し酸_すっぱい。

💬 초간단 회화

A: このカレー、どう？

B: うーん、少_{すこ}し甘_{あま}い。

A: いまいち？

B: そうじゃないけど、私_{わたし}は辛_{から}いほうが好_すき。

A: 이 카레, 어때?

B: 으음, 조금 달아.

A: 별로야!

B: 그건 아닌데, 나는 매운 쪽이 좋아.

※ <주제별 단어 퀴즈 PDF>로 단어를 복습해 보세요.

Chapter 3

해커스 하루 딱! 10분 일본어 일상 단어

조리도구 / 조리법

🎧 MP3 바로 듣기

1

요리
りょう り
料理

집에서는 직접 **요리**해?
いえ　　じぶん　りょうり
家では自分で料理する？

2

냄비
なべ

냄비에 물을 받아 줘.
　　　　みず　い
なべに水を入れて。

3

국자
おたま

국자로 뜹니다.
おたまですくいます。

4

식칼
ほうちょう
包丁

식칼을 사용할 땐 조심해.
ほうちょう つか とき き
包丁を使う時は気をつけて。

5

식재료
しょく ざい
食材

식재료 다 있어?
しょくざいぜん ぶ
食材全部そろってる？

6

불
ひ
火

불이 너무 세.
ひ　つよ
火が強すぎるよ。

7

(밥을) 짓다
炊<ruby>く<rt>た</rt></ruby>

밥을 짓는다.
ご<ruby>飯<rt>はん</rt></ruby>を<ruby>炊<rt>た</rt></ruby>く。

8

끓이다
沸<ruby>かす<rt>わ</rt></ruby>

물을 끓인다.
お<ruby>湯<rt>ゆ</rt></ruby>を<ruby>沸<rt>わ</rt></ruby>かす。

9

굽다
焼<ruby>く<rt>や</rt></ruby>

쿠키를 굽는다.
クッキーを<ruby>焼<rt>や</rt></ruby>く。

10

튀기다
揚<ruby>げる<rt>あ</rt></ruby>

이 가지도 튀기는 거야?
このなすも<ruby>揚<rt>あ</rt></ruby>げるの？

11

볶다
炒<ruby>める<rt>いた</rt></ruby>

마늘을 볶는다.
ニンニクを<ruby>炒<rt>いた</rt></ruby>める。

12

찌다
蒸<ruby>す<rt>む</rt></ruby>

닭고기를 찐다.
<ruby>鶏肉<rt>とりにく</rt></ruby>を<ruby>蒸<rt>む</rt></ruby>す。

13

조리다, 삶다, 끓이다
煮<ruby>る<rt>に</rt></ruby>

생선을 조린다.
<ruby>魚<rt>さかな</rt></ruby>を<ruby>煮<rt>に</rt></ruby>る。

14

데치다
茹<ruby>でる<rt>ゆ</rt></ruby>

야채를 데친다.
<ruby>野菜<rt>やさい</rt></ruby>を<ruby>茹<rt>ゆ</rt></ruby>でる。

15

까다, 벗기다
剥<ruby>く<rt>む</rt></ruby>

껍질을 깐다.
<ruby>皮<rt>かわ</rt></ruby>を<ruby>剥<rt>む</rt></ruby>く。

💬 **초간단 회화**

A: <ruby>肉<rt>にく</rt></ruby>じゃが<ruby>作<rt>つく</rt></ruby>るから<ruby>手伝<rt>てつだ</rt></ruby>って。
B: <ruby>僕<rt>ぼく</rt></ruby>がじゃがいもの<ruby>皮<rt>かわ</rt></ruby>を<ruby>剥<rt>む</rt></ruby>くよ。
A: その<ruby>前<rt>まえ</rt></ruby>になべに<ruby>水<rt>みず</rt></ruby>を<ruby>入<rt>い</rt></ruby>れて。
B: うん、わかった。

A: 고기 감자조림 만들거니까 도와줘.
B: 내가 감자 껍질을 깔게.
A. 그 전에 냄비에 물을 빛이 줘.
B: 응, 알겠어.

※ <주제별 단어 퀴즈 PDF>로 단어를 복습해 보세요.

옷

🎧 MP3 바로 듣기

1

옷
<ruby>服<rt>ふく</rt></ruby>

옷을 입어요.
<ruby>服<rt>ふく</rt></ruby>を<ruby>着<rt>き</rt></ruby>ます。

2

패션
ファッション

패션 센스가 좋네.
ファッションセンスがいい。

3

겉옷
<ruby>上着<rt>うわぎ</rt></ruby>

겉옷을 벗는다.
<ruby>上着<rt>うわぎ</rt></ruby>を<ruby>脱<rt>ぬ</rt></ruby>ぐ。

4

재킷
ジャケット

재킷을 걸쳤어.
ジャケットをはおった。

5

가디건
カーディガン

가디건도 입으면 어때?
カーディガンも<ruby>着<rt>き</rt></ruby>たら？

6

셔츠
シャツ

셔츠로 갈아입고 와.
シャツに<ruby>着替<rt>きが</rt></ruby>えてきて。

7

스웨터

セーター

스웨터 어딨어?

セーターどこ？

8

후드티

パーカー

후드티가 편해.

パーカーが楽だよ。

9

슈트

スーツ

슈트가 잘 어울리네요.

スーツが似合いますね。

10

치마

スカート

치마를 자주 입어.

スカートをよく履く。

11

바지

ズボン

이 바지, 입어 봐.

このズボン、履いてみて。

12

속옷

下着

속옷이 꽉 껴.

下着がきつい。

13

반소매

半袖

반소매 셔츠

半袖のシャツ

14

다른 색

色違い

다른 색으로 샀어.

色違いで買った。

15

입어 봄

試着

입어 봐도 되나요?

試着してもいいですか。

💬 **초간단 회화**

A: シンプルなシャツありますか？
B: この半袖のシャツはいかがですか？
A: いいですね。試着してもいいですか？
B: はい。どうぞ。

A: 심플한 셔츠 있나요?
B: 이 반소매 셔츠는 어떠세요?
A: 좋네요. 입어 봐도 되나요?
B: 네. 그럼요.

※ <주제별 단어 퀴즈 PDF>로 단어를 복습해 보세요.

Chapter 4

해커스 하루 딱! 10분 일본어 일상 단어

옷 수선

🎧 MP3 바로 듣기

1

바늘
はり
針

바늘에 손가락을 찔렸어.
はり ゆび さ
針が指に刺さった。

2

실
いと
糸

실로 꿰매요.
いと ぬ
糸で縫います。

3

바느질, 재봉
さい ほう
裁縫

바느질 도구, 있어?
さいほうどう ぐ
裁縫道具、ある？

4

단추
ボタン

단추가 떨어질 것 같아.
と
ボタンが取れそうだよ。

5

옷핀
あん ぜん
安全ピン

옷핀으로 고정해.
あんぜん と
安全ピンで留めて。

6

안감
うら じ
裏地

안감이 두꺼워.
うら じ あつ
裏地が厚い。

옷감
きじ
生地

옷감을 자릅니다.
きじ き
生地を切ります。

8

옷깃
えり
襟

옷깃을 달았어요.
えり
襟をつけました。

9

소매
そで
袖

소매, 짧지 않아?
そで みじか
袖、短くない？

10

옷자락
すそ
裾

옷자락이 너무 길어.
すそ なが
裾が長すぎる。

11

레이스
レース

레이스를 달아 봤어.
レースをつけてみたよ。

12

재다
はか
測る

사이즈를 잰다.
はか
サイズを測る。

13

짧게 하다
つ
詰める

기장을 짧게 한다.
たけ つ
丈を詰める。

14

구멍
あな
穴

옷에 구멍이 났어.
ふく あな あ
服に穴が開いてるよ。

15

(올이) 풀리다
ほつれる

실밥이 풀리다.
ぬ め
縫い目がほつれる。

💬 **초간단 회화**

A: シャツのボタンが取れそうだよ。
　　　　　　　　と
B: あ、本当だ。
　　　ほんとう
A: 裁縫道具、ある？縫ってあげる。
　さいほうどうぐ　　　　ぬ
B: うん。今、持ってくる。
　　　いま も

A: 셔츠 단추가 떨어질 것 같아.

B: 아, 진짜네.

A: 바느질 도구, 있어? 꿰매 줄게.

B: 응. 지금, 가져올게.

※ <주제별 단어 퀴즈 PDF>로 단어를 복습해 보세요.

신발 / 잡화

🎧 MP3 바로 듣기

1

신발
くつ
靴

신발을 신어요.
くつ　は
靴を履きます。

2

샌들
サンダル

샌들을 벗었어요.
ぬ
サンダルを脱ぎました。

3

슬리퍼
スリッパ

슬리퍼로 갈아 신어.
は　か
スリッパに履き替えて。

4

운동화
スニーカー

운동화, 귀여워.
スニーカー、かわいい。

5

굽, 힐
ヒール

굽이 높아.
たか
ヒールが高い。

6

양말
くつ　した
靴下

양말은 안 신어?
くつした　は
靴下は履かないの？

7

스타킹

ストッキング

스타킹을 신었어.

ストッキングを履いた。

8

깔창

中敷き
なか じ

깔창을 넣었어요.

中敷きを入れました。
なか じ い

9

모자

帽子
ぼう し

모자를 쓰고 있어.

帽子をかぶっているよ。
ぼう し

10

안경

眼鏡
め がね

안경을 쓰나요?

眼鏡をかけますか？
め がね

11

넥타이

ネクタイ

넥타이를 맸어.

ネクタイを締めた。
し

12

목도리

マフラー

목도리를 감았어요.

マフラーを巻きました。
ま

13

장갑

手袋
て ぶくろ

장갑은 안 껴?

手袋はしないの？
て ぶくろ

14

가방

カバン

가벼운 **가방**을 갖고 싶어.

軽いカバンが欲しい。
かる   ほ

15

지갑

財布
さい ふ

지갑을 샀어요.

財布を買いました。
さい ふ か

💬 초간단 회화

A: このサンダルかわいいね。

B: ヒールが高いからちょっと…。
たか

A: じゃ、これはどう？

B: わあ。このスニーカー、かわいい。

A: 이 샌들 귀엽네.

B: 굽이 높아서 좀….

A: 그럼, 이건 어때?

B: 와. 이 운동화, 귀여워.

※ <주제별 단어 퀴즈 PDF>로 단어를 복습해 보세요.

화장품 /피부미용

🎧 MP3 바로 듣기

1

미용
びよう
美容

미용에 좋지 않아.
びよう
美容によくない。

2

화장
け しょう
化粧

화장을 합니다.
け しょう
化粧をします。

3

화장품
け しょうひん
化粧品

화장품을 바꿨어.
け しょうひん か
化粧品を変えたよ。

4

스킨
け しょうすい
化粧水

매일 아침 스킨을 발라요.
まいあさ け しょうすい
毎朝化粧水をつけます。

5

로션
にゅう えき
乳液

촉촉한 로션이에요.
にゅうえき
しっとりする**乳液**です。

6

자외선 차단제
ひ や ど
日焼け止め

자외선 차단제는 필수야.
ひ や ど ひっす
日焼け止めは必須だよ。

7

(화장) 베이스
した じ
下地

잘 무너지지 않는 **베이스**예요.
くず　　　　した じ
崩れにくい**下地**です。

8

웜톤
イエベ

웜톤이랑 쿨톤, 어느 쪽이야?
イエベとブルベ、どっち？

9

립스틱
くち べに
口紅

립스틱이 지워져 버렸어.
くちべに　お
口紅が落ちちゃった。

10

향수
こう すい
香水

향수 뿌렸어?
こうすい
香水つけたの？

11

클렌저
　　　　お
メイク落とし

피부 자극이 적은 **클렌저**
はだ やさ　　　　お
肌に優しいメイク落とし

12

팩
パック

지금 **팩** 하고 있어.
いま
今パックしているよ。

13

피부 트러블
はだ あ
肌荒れ

피부 트러블이 심해.
はだ あ
肌荒れがひどいんだ。

14

건성 피부
かん そう はだ
乾燥肌

건성 피부에 추천이에요.
かんそうはだ
乾燥肌におすすめです。

15

보습
ほ しつ
保湿

보습이 아주 중요해.
ほしつ　　　　　じゅうよう
保湿がとても重要だよ。

🗨 **초간단 회화**

さいきんはだ あ
A: 最近肌荒れがひどいんだ。

B: ストレスでもあるの？

　　　　　　　　　　おも
A: ううん、それはないと思う。

　　はだ やさ　　　　お　　つか
B: じゃ、肌に優しいメイク落としを使ってみたら？

A: 요즘 피부 트러블이 심해.

B: 스트레스라도 있어?

A: 아니, 그건 아니라고 생각해.

B: 그럼, 피부 자극이 적은 클렌저를
　 써 보면 어때?

※ <주제별 단어 퀴즈 PDF>로 단어를 복습해 보세요.

헤어스타일 / 헤어용품

🎧 MP3 바로 듣기

1

머리카락
かみ　け
髪の毛

머리카락을 잘랐어요.
かみ　け　き
髪の毛を切りました。

2

앞머리
まえ がみ
前髪

앞머리를 기르고 있어.
まえがみ　の
前髪を伸ばしているよ。

3

곱슬머리
　　　げ
くせ毛

곱슬머리가 심해요.
　　　げ
くせ毛がひどいです。

4

머리 끝
け さき
毛先

머리 끝만 말아 봤어.
け さき　　ま
毛先だけ巻いてみた。

5

끝이 갈라진 머리카락
えだ げ
枝毛

끝이 갈라진 머리카락이 늘고 있어.
えだげ　　おお
枝毛が多くなってきた。

6

빗
くし

빗으로 빗어요.

くしでとかします。

7

(봉) 고데기

コテ

고데기로 앞머리를 말았어.
コテで前髪（まえがみ）を巻（ま）いた。

8

미용실

美容室（び ようしつ）

미용실에 갔다 왔어.
美容室（びようしつ）に行（い）ってきた。

9

커트

カット

짧게 커트해 주세요.
短（みじか）くカットしてください。

10

파마

パーマ

파마, 해 볼까.
パーマ、かけてみようかな。

11

염색

カラー

셀프 염색해 보고 싶어.
セルフカラーしてみたい。

12

탈색

ブリーチ

3번이나 탈색했어.
3回（さんかい）もブリーチしたんだ。

13

색 빠짐

色落（いろ お）ち

색이 빠지기 쉬워요.
色落（いろお）ちしやすいです。

14

매직 스트레이트

縮毛矯正（しゅく もう きょう せい）

매직 스트레이트를 했어.
縮毛矯正（しゅくもうきょうせい）をした。

15

드라이 세팅

ブロー

드라이 세팅을 했어.
ブローをしてもらった。

💬 **초간단 회화**

A: 短（みじか）くカットしてください。
B: はい、他（ほか）は大丈夫（だいじょうぶ）ですか？
A: うーん、パーマ、かけてみようかな。
B: 絶対（ぜったい）似合（にあ）いますよ。

A: 짧게 커트해 주세요.
B: 네, 다른 건 괜찮으세요?
A: 음, 파마, 해 볼까.
B: 분명 어울릴 거예요.

※ <주제별 단어 퀴즈 PDF>로 단어를 복습해 보세요.

얼굴

🎧 MP3 바로 듣기

1

얼굴
かお
顔

얼굴이 둥글어요.
かお　まる
顔が丸いです。

2

눈
め
目

눈이 커.
め　　おお
目が大きい。

3

눈동자
ひとみ
瞳

눈동자가 예쁘네요.
ひとみ
瞳がきれいですね。

4

눈썹
まゆげ

눈썹이 두꺼워.
　　　　　ふと
まゆげが太い。

5

코
はな
鼻

코가 막혔어.
はな
鼻がつまっている。

6

귀
みみ
耳

귀를 기울여 봐.
みみ　　かたむ
耳を傾けてみて。

7

입
くち
口

입을 벌려 주세요.
くち あ
口を開けてください。

8

이
は
歯

이가 아파.
は いた
歯が痛い。

9

혀
した
舌

혀를 깨물어 버렸어.
した
舌をかんでしまった。

10

볼
ほっぺた

볼이 빨개졌어.
あか
ほっぺたが赤くなった。

11

수염
ひげ

수염을 기르고 있는 거야?
は
ひげを生やしているの？

12

주름
しわ

주름이 늘었어요.
ふ
しわが増えました。

13

여드름
ニキビ

여기에 여드름이 생겼어.
ここにニキビができた。

14

처진 눈
ため
垂れ目

처진 눈이 좋아.
た め す
垂れ目が好き。

15

치켜올라간 눈
め
つり目

치켜올라간 눈이 매력적이에요.
め みりょくてき
つり目が魅力的です。

🗨 초간단 회화

A: どんな人がタイプ？
ひと
B: 目が大きい人かな？
め おお ひと
A: 垂れ目とつり目ならどっち？
た め め
B: 垂れ目が好き。
た め す

A: 어떤 사람이 타입이야?
B: 눈이 큰 사람이려나?
A: 처진 눈하고 치켜올라간 눈이면
이느 쪽?
B: 처진 눈이 좋아.

※ <주제별 단어 퀴즈 PDF>로 단어를 복습해 보세요.

몸

🎧 MP3 바로 듣기

1

몸
からだ
体

몸이 건강해요.
からだ　じょうぶ
体 が丈夫です。

2

목, 고개
くび
首

목이 기네.
くび　なが
首が長いね。

3

목, 목구멍
のど
喉

목이 아파요.
のど　いた
喉が痛いです。

4

배
なか
お腹

아아, 배불러.
なか
ああ、**お腹**いっぱい。

5

손
て
手

손을 잡았어요.
て
手をつなぎました。

6

발
あし
足

발을 밟혔어!
あし　ふ
足を踏まれたんだ！

7

손가락, 발가락
ゆび
指

사람을 **손가락**으로 가리키지 마.
ひと ゆび さ
人を指で差さないで。

8

피
ち
血

피가 나고 있어!
ち で
血が出てる！

9

땀
あせ
汗

땀을 잘 흘려요.
あせ
汗をかきやすいです。

10

뼈
ほね
骨

뼈가 부러졌어요.
ほね お
骨が折れました。

11

근육
きん にく
筋肉

근육이 붙었어.
きんにく
筋肉がついた。

12

키
しん ちょう
身長

키가 커졌어요.
しんちょう の
身長が伸びました。

13

몸무게
たいじゅう
体重

몸무게가 늘었어.
たいじゅう ふ
体重が増えちゃったよ。

14

체형
たい けい
体型

슬림한 **체형**이에요.
たいけい
スリムな体型です。

15

겉모습
み め
見た目

겉모습으로 판단하지 마.
み め はんだん
見た目で判断しないで。

💬 **초간단 회화**

たいじゅう ふ
A: **体重が増えちゃったよ。**
うんどう
B: **運動してるからじゃない？**

A: **そうなの？**
きんにく
B: **うん、筋肉がついたから。**

A: 몸무게가 늘었어.
B: 운동하고 있어서 그런 거 아냐?
A: 그런거야?
B: 응, 근육이 붙었으니까.

※ <주제별 단어 퀴즈 PDF>로 단어를 복습해 보세요.

병원

🎧 MP3 바로 듣기

1

병원
びょういん
病院

병원에 가보는 게 어때?
びょういん い
病院に行ってみたら？

2

내과
ない か
内科

근처에 **내과** 있나요?
ちか ないか
近くに内科ありますか。

3

치과, 치과 의사
は い しゃ
歯医者

치과에 다니고 있어요.
は いしゃ かよ
歯医者に通ってます。

4

의사
い しゃ
医者

의사에게 진찰받았어.
いしゃ み
医者に診てもらった。

5

간호사
かん ご し
看護師

간호사를 불렀어요.
かんごし よ
看護師を呼びました。

6

환자
かん じゃ
患者

환자가 늘었습니다.
かんじゃ ふ
患者が増えました。

7
검사
けん さ
検査

CT검사를 받았어요.
けん さ　う
CT**検査**を受けました。

8
치료
ち りょう
治療

계속 치료받고 있어요.
ち りょう　つづ
治療を続けています。

9
주사
ちゅうしゃ
注射

주사 놓을게요.
ちゅうしゃ　う
注射を打ちますね。

10
수술
しゅじゅつ
手術

간단한 **수술**이에요.
かんたん　しゅじゅつ
簡単な**手術**です。

11
입원
にゅういん
入院

·퇴원: 退院
たいいん

1주일간 **입원**했어요.
いっしゅうかんにゅういん
１週間**入院**しました。

12
회복
かい ふく
回復

회복이 빠르네요.
かいふく　はや
回復が早いですね。

13
건강
けん こう
健康

무엇보다 **건강**이 제일이야.
なに　けんこう　いちばん
何より**健康**が一番だよ。

14
상태
ちょう し
調子

상태는 어때?
ちょう し
調子はどう？

15
예방
よ ぼう
予防

충치는 **예방**이 중요해요.
むしば　よぼう　じゅうよう
虫歯は**予防**が**重要**です。

💬 **초간단 회화**

あさ　あたま　いた
A: 朝からずっと頭が痛くてさ。
びょういん　い
B: 病院に行ってみたら？

A: うん、そうするよ。
なに　けんこう　いちばん
B: 何より健康が一番だよ。

A: 아침부터 계속 머리가 아파서 말야.
B: 병원에 가보는 게 어때?
A: 응 그렇게
B: 무엇보다 건강이 제일이야.

※ <주제별 단어 퀴즈 PDF>로 단어를 복습해 보세요.

병 / 증상

🎧 MP3 바로 듣기

1

병
びょう き
病気

병이 나았어요.
びょう き　なお
病気が治りました。

2

부상
けが

부상을 입어 버렸어.
けがをしてしまった。

3

화상
やけど

화상 입은 곳이 아파.
いた
やけどしたところが痛い。

4

삠, 접질림
ねんざ

발목을 삐었어요.
あしくび
足首をねんざしました。

5

두통
ず つう
頭痛

두통도 있어요.
ず つう
頭痛もします。

6

감기
かぜ
風邪

감기에 걸려 버렸어.
かぜ　ひ
風邪を引いちゃった。

7

열
ねつ
熱

열이 있어요.
ねつ
熱があります。

8

기침
せき
咳

기침이 멈추지 않아요.
せき　と
咳が止まりません。

9

재채기
くしゃみ

재채기가 심해.
くしゃみがひどいよ。

10

체함, 더부룩함
い
胃もたれ

체한 거 아니야?
い
胃もたれじゃない？

11

구역질
は　け
吐き気

계속 구역질이 나요.
は　け　つづ
吐き気が続いてます。

12

알레르기
アレルギー

새우 알레르기입니다.
えびアレルギーです。

13

바이러스
ウイルス

새로운 바이러스
あたら
新しいウイルス

14

암
がん
癌

암에 걸렸어요.
がん
癌になりました。

15

우울증
びょう
うつ病

우울증이 나았어.
びょう　なお
うつ病が治った。

💬 **초간단 회화**

A: きょう
今日はどうしましたか？
B: せき　と
咳が止まりません。
A: い　がい
それ以外はどうですか？
B: ねつ
熱があります。あと、すうつ
頭痛も。

A: 오늘은 어디가 아파서 오셨나요?
B: 기침이 멈추지 않아요.
A: 그 외에는 어떤가요?
B: 열이 있어요. 그리고, 두통도.

※ <주제별 단어 퀴즈 PDF>로 단어를 복습해 보세요.

약국

∩ MP3 바로 듣기

1

약국
やっきょく
薬局

약국에서 살 수 있습니다.
やっきょく　か
薬局 で買えます。

2

약사
やくざいし
薬剤師

약사에게 물어 봐.
やくざいし　き
薬剤師に聞いてみて。

3

약
くすり
薬

약 먹었어?
くすり　の
薬は飲んだ？

4

감기약
かぜ　ぐすり
風邪薬

감기약을 먹었어요.
かぜぐすり　の
風邪薬を飲みました。

5

소화제
い　ぐすり
胃薬

소화제를 처방받았어요.
い　ぐすり　しょほう
胃薬を処方されました。

6

안약
め　ぐすり
目薬

안약을 넣었어요.
め　ぐすり　さ
目薬を差しました。

7

연고
ぬ ぐすり
塗り薬

이 연고는 잘 들어요.
ぬ くすり き
この塗り薬 はよく効きます。

8

진통제
いた ど
痛み止め

진통제 주세요.
いた ど
痛み止めをください。

9

멀미약
よ ど
酔い止め

멀미약을 먹어 두자.
よ ど の
酔い止めを飲んでおこう。

10

영양제
サプリ

어떤 영양제가 좋아?
どんなサプリがいいの？

11

복용
ふく よう
服用

하루 3회 복용해 주세요.
いちにちさんかいふくよう
一日3回服用してください。

12

식후
しょく ご
食後

식후에 먹으면 되나요?
しょくご の
食後に飲んだらいいですか？

13

부작용
ふく さ よう
副作用

부작용이 있나요?
ふくさよう
副作用がありますか？

14

처방전
しょ ほう せん
処方箋

처방전이 필요해요.
しょほうせん ひつよう
処方箋が必要です。

15

약 수첩
くすり て ちょう
お薬手帳
↳ 복용하는 약을 기록하는 수첩

약 수첩을 두고 왔어요.
くすりてちょう わす
お薬手帳を忘れてきました。

Chapter 5
해커스 하루 딱! 10분 일본어 필수 단어

💬 초간단 회화

いた ど
A: 痛み止めをください。
せん えん
B: はい、1,000円です。
しょく ご の
A: これ、食後に飲んだらいいですか？
しょくじ あと の
B: はい、食事の後に飲んでください。

A: 진통제 주세요.
B: 네, 1,000엔입니다.
A: 이거, 식후에 먹으면 되나요?
B: 네, 식사 후에 드세요.

※ <주제별 단어 퀴즈 PDF>로 단어를 복습해 보세요.

헬스 / 다이어트

🎧 MP3 바로 듣기

1

헬스장
ジム

헬스장에 다니고 있어.
ジムに通(かよ)ってるよ。

2

근육 트레이닝
筋(きん)トレ

근육 트레이닝을 시작했어.
筋(きん)トレを始(はじ)めたよ。

3

복근
腹筋(ふっきん)

복근이 있어.
腹筋(ふっきん)が割(わ)れているよ。

4

코어 근육
体幹(たいかん)

코어 근육을 단련합시다.
体幹(たいかん)をきたえましょう。

5

스쿼트
スクワット

스쿼트 5세트째야.
スクワット5(ご)セット目(め)だよ。

6

중량, 웨이트
ウエート

중량을 올릴게.
ウエートを上(あ)げるよ。

7

추리닝

ジャージ

추리닝으로 갈아입었어.
ジャージに着替(きが)えた。

8

다이어트

ダイエット

다이어트에 좋아.
ダイエットにいいよ。

9

살이 빠지다

やせる

단기간에 **살이 빠진다**.
短期間(たんきかん)でやせる。

10

감량

減量(げんりょう)

목표는 5kg **감량**이에요.
目標(もくひょう)は5kg減量(ごげんりょう)です。

11

필라테스

ピラティス

필라테스를 하고 있어.
ピラティスをしている。

12

식이요법

食事制限(しょくじせいげん)

식이요법도 해 봐.
食事制限(しょくじせいげん)もしてみて。

13

단백질

タンパク質(しつ)

단백질을 섭취하고 있어요.
タンパク質(しっと)を取っています。

14

요요 현상

リバウンド

요요 현상이 와 버렸어.
リバウンドしてしまった。

15

지방

脂肪(しぼう)

배에 **지방**이 많아.
お腹(なか)の脂肪(しぼう)が多(おお)い。

💬 **초간단 회화**

A: 短期間(たんきかん)でやせる方法(ほうほう)、ないかな～?

B: うーん、運動(うんどう)はしてる?

A: うん、ジムに通(かよ)ってるよ。

B: じゃあ、食事制限(しょくじせいげん)もしてみて。

A: 단기간에 살이 빠지는 방법, 없을까~?

B: 음, 운동은 하고 있어?

A: 응, 헬스장에 다니고 있어.

B: 그럼, 식이요법도 해 봐.

※ <주제별 단어 퀴즈 PDF>로 단어를 복습해 보세요.

연애

🎧 MP3 바로 듣기

1

연애
れん あい
恋愛

연애하고 싶어.
れんあい
恋愛したいよ。

2

(연애 감정으로의) 사랑
こい
恋

사랑을 하고 있어.
こい
恋をしている。

3

애인
こい びと
恋人

애인이에요.
こいびと
恋人です。

4

커플
カップル

그 커플, 헤어졌대.
　　　　　　　わか
あのカップル、別れたって。

5

남자친구
かれ し
彼氏

남자친구가 있었음 좋겠어.
かれ し ほ
彼氏が欲しい。

6

여자친구
かの じょ
彼女

여자친구가 생겼어.
かのじょ
彼女ができたよ。

7

첫눈에 반함
ひとめぼ
一目惚れ

첫눈에 반해 버렸어.
ひとめぼ
一目惚れしちゃった。

8

그린라이트, 호감 있음
みゃく
脈あり

그린라이트 아냐?
みゃく
脈ありじゃない？

9

짝사랑
かた おも
片想い

짝사랑이 이루어졌어.
かたおも　　みの
片想いが実った。

10

고백
こく はく
告白

내가 고백할까?
わたし　こくはく
私から告白しようかな？

11

사귀다
つ　　あ
付き合う

연상과 사귄다.
としうえ　つ　あ
年上と付き合う。

12

데이트
デート

데이트 신청 받았어.
さそ
デートに誘われたよ。

13

커플링
ペアリング

커플링을 끼고 있어요.
ペアリングをつけてます。

14

차이다
ふられる

설마 그에게 차일 줄이야.
かれ
まさか彼にふられるとは。

15

전 남친
もと
元カレ

전 남친한테 연락 왔어.
もと　　　　　れんらくき
元カレから連絡来た。

Chapter 6

해커스 하루 딱! 10분 일본어 일상 단어

💬 **초간단 회화**

　　た なか　　　　　さいきん
A: 田中さんとは最近どう？
　　きのう　　　　　　　　さそ
B: 昨日デートに誘われたよ。
A: いいね！早く付き合えよ～。
　　　　　わたし　　こくはく
B: へへ、私から告白しようかな？

A: 다나카 씨와는 최근 어때?
B: 어제 데이트 신청 받았어.
A: 좋네! 빨리 사귀어라~.
B: 헤헤, 내가 고백할까?

※ <주제별 단어 퀴즈 PDF>로 단어를 복습해 보세요.

결혼

🎧 MP3 바로 듣기

1
결혼
けっ こん
結婚

결혼해요.
けっこん
結婚することになりました。

2
결혼식
けっ こん しき
結婚式

결혼식을 올렸어요.
けっこんしき あ
結婚式を挙げました。

3
신랑
しん ろう
新郎

신랑이 입장합니다.
しんろう にゅうじょう
新郎が 入場します。

4
신부
しん ぷ
新婦

신부가 부케를 던졌어요.
しんぷ な
新婦がブーケを投げました。

5
부부
ふう ふ
夫婦

부부가 되었습니다.
ふうふ
夫婦になりました。

6
청첩장
しょう たい じょう
招待状

청첩장, 보냈어.
しょうたいじょう おく
招待状、送ったよ。

7

축의금
しゅう ぎ
ご祝儀

축의금은 얼마 내?
しゅう ぎ   わた
ご祝儀いくら渡す？

8

인연
えん
縁

좋은 **인연**이 있었어요.
えん
いい縁がありました。

9

맞선
み あ
お見合い

맞선으로 만났어요.
み あ   で あ
お見合いで出会いました。

10

상견례
かお あ
顔合わせ

상견례는 언제야?
かお あ
顔合わせはいつ？

11

예물
ゆい のう
結納

예물은 하지 않을 생각이에요.
ゆいのう
結納はしないつもりです。

12

신혼
しん こん
新婚

아직 **신혼**이에요.
しんこん
まだ新婚です。

13

이혼
り こん
離婚

이혼을 생각하고 있어요.
り こん   かんが
離婚を考えています。

14

독신
どく しん
独身

저는 **독신**이에요.
わたし   どくしん
私は独身です。

15

사랑
あい
愛

↳ 부부애, 가족애, 인류애 등 포괄적인
의미의 사랑

이 **사랑**은 영원할 거야.
あい   えいえん
この愛は永遠だよ。

💬 **초간단 회화**

らいげつけっこん
A: 来月結婚することになりました。
ほんとう   ひと
B: え、本当？どんな人？
み あ   で あ   ひと
A: お見合いで出会いました。いい人ですよ。
ほんとう
B: そうなんだ。本当におめでとう！

A: 다음 달에 결혼해요.
B: 어, 진짜? 어떤 사람이야?
A: 맞선으로 만났어요. 좋은 사람이에요.
B: 그렇구나. 정말 축하해!

※ <주제별 단어 퀴즈 PDF>로 단어를 복습해 보세요.

출산 / 육아

🎧 MP3 바로 듣기

1

임신
にん しん
妊娠

임신 5개월이에요.
にんしん ご げつめ
妊娠 5 か月目です。

2

출산
しゅっ さん
出産

다음 달, **출산** 예정이에요.
らいげつ しゅっさん よ てい
来月、 出産予定です。

3

육아
いく じ
育児

육아 힘들지요.
いく じ たいへん
育児って大変ですね。

4

아기
あか
赤ちゃん

귀여운 **아기**네요.
あか
かわいい赤ちゃんですね。

5

기저귀
おむつ

기저귀를 갈아야 해.
か
おむつを替えなきゃ。

6

유모차
ベビーカー

유모차에 태웠어요.
の
ベビーカーに乗せました。

7

돌보기, 보살핌
せ わ
世話

아기 돌보기는 힘들어.
あか　　せ わ　　たいへん
赤ちゃんの世話は大変。

8

아이
こ ども
子供

아이가 둘 있어요.
こども　　ふたり
子供が二人います。

9

성장
せい ちょう
成長

아이의 성장은 빠르지.
こ ども　　せいちょう　　はや
子供の成長は早いよね。

10

유치원
よう ち えん
幼稚園

유치원에 다니고 있어요.
ようちえん　　かよ
幼稚園に通ってます。

11

자라다
そだ
育つ

건강하게 **자란다**.
げんき　　そだ
元気に育つ。

12

놀이
あそ
遊び

어떤 놀이를 하고 싶어?
あそ
どんな遊びがしたい？

13

장난감
おもちゃ

장난감을 사 줬어.
か
おもちゃを買ってあげた。

14

인형
にん ぎょう
人形

인형을 가지고 놀자.
にんぎょう　　あそ
人形で遊ぼう。

15

자식 바보
おや
親ばか
↪ 자식을 각별히 아끼는 부모

진짜 자식 바보네~.
ほんとう　　おや
本当に親ばかだね～。

💬 **초간단 회화**

A: かわいい赤ちゃんですね。何か月ですか？
　　　　　　あか　　　　　　　なん　げつ

B: 5か月です。
　　ご　げつ

A: そうですか？育児って大変ですね。
　　　　　　　　いく じ　　たいへん

B: はい。でも、幸せです。
　　　　　　　　しあわ

A: 귀여운 아기네요. 몇 개월이에요?

B: 5개월이에요.

A: 그래요? 육아 힘들지요.

B: 네. 하지만 행복해요.

※ <주제별 단어 퀴즈 PDF>로 단어를 복습해 보세요.

Part 2

문화/여가 라이프

영화

🎧 MP3 바로 듣기

1

영화
_{えい が}
映画

- - - - - - - - - - -

이 **영화**, 봤어?
_{えいが} _み
この**映画**、見た？

2

장면
シーン

- - - - - - - - - - -

그 **장면**에서 울었어.
_な
あの**シーン**で泣いたよ。

3

연출
_{えん しゅつ}
演出

- - - - - - - - - - -

연출이 굉장해.
_{えんしゅつ}
演出がすごい。

4

감독
_{かん とく}
監督

- - - - - - - - - - -

이 **감독** 영화는 다 봤어.
_{かんとく えいが ぜんぶ み}
この**監督**の映画は全部見た。

5

개봉, 공개
_{こう かい}
公開

- - - - - - - - - - -

영화 **개봉**은 언제예요?
_{えいが こうかい}
映画の**公開**はいつですか？

6

예고편
_{よ こく へん}
予告編

- - - - - - - - - - -

예고편부터 재밌어 보여.
_{よこくへん おもしろ}
予告編から面白そう。

7

상영
じょうえい
上映

아직 상영 중이야?
じょうえいちゅう
まだ上映中？

8

스포일러
ネタバレ

스포일러 하지 마.
ネタバレしないで。

9

영화관
えいがかん
映画館

영화관에 가지 않을래요?
えいがかん い
映画館に行きませんか？

10

팝콘
ポップコーン

팝콘 사 올게.
か
ポップコーン買ってくる。

11

예매권
まえ う けん
前売り券

예매권이 매진되었어.
まえう けん う き
前売り券が売り切れた。

12

더빙
ふ か
吹き替え

난 더빙파야.
わたし ふ か は
私は吹き替え派。

13

자막
じまく
字幕

자막이 틀렸어.
じまく まちが
字幕が間違っている。

14

쿠키 영상
えい ぞう
おまけ映像

쿠키 영상 있대.
えいぞう
おまけ映像あるって。

15

무대 인사
ぶ たい あい さつ
舞台挨拶

무대 인사에 누가 나와?
ぶ たいあいさつ だれ で
舞台挨拶に誰が出るの？

💬 **초간단 회화**

えい が み
A: この映画、見た？

み あした み
B: まだ見てない。明日見るよ。

えいぞう さいご み
A: おまけ映像あるって。最後まで見てね。

B: へえ、わかった。

A: 이 영화, 봤어?

B: 아직 안 봤어. 내일 볼 거야.

A. 쿠키 영상 있대. 끝까지 봐.

B: 오, 알았어.

※ <주제별 단어 퀴즈 PDF>로 단어를 복습해 보세요.

드라마

🎧 MP3 바로 듣기

1

드라마

ドラマ

지금 보는 **드라마** 있어?
いま み
今見てるドラマある？

2

줄거리

あらすじ

줄거리는 알아.
　　　　し
あらすじは知ってる。

3

전개
てん かい
展開

전개가 너무 빠르지 않아?
てんかいはや
展開早すぎない？

4

다음 화
じ かい
次回

다음 화 예고
じかい　よこく
次回の予告

5

마지막 화
さいしゅうかい
最終回

다음 화가 **마지막 화**예요.
じ かい　さいしゅうかい
次回が最終回です。

6

출연
しゅつえん
出演

누가 **출연**해?
だれ　しゅつえん
誰が出演するの？

7

배우
はい ゆう
俳優

거물급 **배우**가 나온다는 것 같아.
おおもののはいゆう で
大物俳優が出るらしい。

8

캐스팅
キャスト

캐스팅, 완전 화려해.
ちょうごうか
キャスト、超豪華だよ。

9

주역
しゅ やく
主役

도중에 **주역**이 바뀌었어.
と ちゅう しゅやく か
途中で主役が変わった。

10

등장인물
とうじょうじん ぶつ
登場人物

등장인물이 모두 독특하네.
とうじょうじんぶつ ぜんいんどくとく
登場人物が全員独特だね。

11

케미가 좋음
あいしょうばつ ぐん
相性抜群

여배우랑 **케미가 좋**아.
じょゆう あいしょうばつぐん
女優と相性抜群だ。

12

아침 드라마
あさ
朝ドラ

아침 드라마에 푹 빠져 있어.
あさ む ちゅう
朝ドラに夢中だよ。

13

사극
じ だい げき
時代劇

사극을 좋아해요.
じ だいげき す
時代劇が好きです。

14

특촬물
とく さつ
特撮

특수 촬영 기법이 들어간 히어로 드라마

일요일엔 **특촬물**을 봐.
にちようび とくさつみ
日曜日は特撮見てる。

15

야외 촬영
ロケ

저기에서 **야외 촬영**하고 있어!
あそこで**ロケ**しているよ！

Chapter 7

해커스 하루 딱! 10분 일본어 일상 단어

💬 **초간단 회화**

A: 今見てるドラマある？
いま み

B: うん。「花火」見てるよ。
はな び み

A: へえ、それ面白いの？
おもしろ

B: うん。それにキャスト、超豪華だよ。
ちょうごうか

A: 지금 보는 드라마 있어?

B: 응. '불꽃' 보고 있어.

A: 흠. 그거 재미있어?

B: 응. 게다가 캐스팅, 완전 화려해.

※ <주제별 단어 퀴즈 PDF>로 단어를 복습해 보세요.

애니메이션

🎧 MP3 바로 듣기

1

애니메이션

アニメ

애니메이션에는 관심 없어?
アニメには 興味ない？
きょう み

2

만화

漫画
まん が

만화가 원작이래.
漫画が 原作だって。
まん が げんさく

3

명작

名作
めい さく

그 명작을 안 봤어?
あの 名作見てないの？
めいさく み

4

캐릭터

キャラクター

캐릭터가 귀여워.
キャラクターがかわいい。

5

주인공

主人公
しゅ じん こう

주인공 목소리는 누구야?
主人公の 声は 誰？
しゅじんこう こえ だれ

6

성우

声優
せい ゆう

젊은 성우가 많이 출연해.
若手声優がたくさん出てる。
わかてせいゆう で

7

(애니메이션 등의) **녹음**

アフレコ

녹음을 해요.
アフレコを行^{おこな}います。

8

주제가

主題歌
しゅ だい か

성우가 **주제가**를 담당했어.
声優^{せいゆう}が**主題歌**^{しゅだいか}を担当^{たんとう}した。

9

작화

作画
さく が

작화가 귀여운 애니메이션 없나?
作画^{さくが}がかわいいアニメない？

10

세계관

世界観
せ かい かん

세계관이 독특하네.
世界観^{せかいかん}が独特^{どくとく}だね。

11

정주행

イッキ見
み

그거, 어제 정주행 했어.
あれ、昨日^{きのう}**イッキ見**^みした。

12

모험 애니메이션

冒険アニメ
ぼう けん

모험 애니메이션만 보고 있어.
冒険アニメ^{ぼうけん}ばかり見^みてる。

13

학원물

学園物
がく えん もの

지금 인기인 **학원물**은 뭐야?
今^{いま}人気^{にんき}の**学園物**^{がくえんもの}って何^{なに}？

14

러브 코미디

ラブコメ

러브 코미디를 좋아해.
ラブコメが好^すき。

15

극장판

劇場版
げき じょう ばん

극장판이 개봉됐어.
劇場版^{げきじょうばん}が公開^{こうかい}された。

💬 **초간단 회화**

A: このアニメ、世界観^{せかいかん}が独特^{どくとく}だね。

B: どう？気^きに入^いった？

A: ラブコメが好^すきだけど、冒険^{ぼうけん}アニメもいいね。

B: だよね～。

A: 이 애니메이션, 세계관이
독특하네.

B: 어때? 마음에 들어?

A: 러브 코미디를 좋아하지만,
모험 애니메이션도 괜찮네

B: 그치~.

※ <주제별 단어 퀴즈 PDF>로 단어를 복습해 보세요.

TV 방송

🎧 MP3 바로 듣기

1

방송
ほう そう
放送

다음 주부터 **방송** 스타트!
らいしゅう　ほうそう
来週から放送スタート！

2

채널
チャンネル

채널 돌리지 마.
か
チャンネル変えないで。

3

(방송) 프로그램
ばん ぐみ
番組

이 **프로그램**, 항상 보고 있어.
ばんぐみ　　み
この番組、いつも見てる。

4

편성표
ばん ぐみ ひょう
番組表

편성표 어디서 볼 수 있어?
ばんぐみひょう　　　み
番組表どこから見れる？

5

본방사수, 실시간
リアルタイム

본방사수하고 싶어.
み
リアルタイムで見たい。

6

생방송
なま ほう そう
生放送 ON AIR

생방송으로 진행됩니다!
なまほうそう　　　とど
生放送でお届けします！

7

버라이어티

バラエティー

버라이어티는 안 봐.

バラエティーは見ない。

8

몰래 카메라 방송

ドッキリ

이번 몰래 카메라 방송, 레전드네.

今回のドッキリ、神回だね。

9

시사 프로그램

情報番組
じょう ほう ばん ぐみ

매일 아침 시사 프로그램을 봐.

毎朝情報番組を見てる。
まいあさじょうほうばんぐみ み

10

연예인

芸能人
げい のう じん

좋아하는 연예인 있어?

好きな芸能人いる？
す　　　げいのうじん

11

개그맨, 개그우먼

芸人
げい にん

그 개그맨 재미있어요.

あの芸人面白いですよ。
げいにんおもしろ

12

시청자

視聴者
し ちょうしゃ

주된 시청자는 주부예요.

主な視聴者は主婦です。
おも　し ちょうしゃ　しゅ ふ

13

시청률

視聴率
し ちょうりつ

시청률이 높아.

視聴率が高い。
し ちょうりつ　たか

14

지상파

地上波
ち じょう は

지상파에서 중계되고 있어.

地上波で中継されてるよ。
ちじょうは　ちゅうけい

15

방송국

テレビ局
きょく

방송국에 취직했어.

テレビ局に就職した。
きょく　しゅうしょく

해커스 하루 딱! 10분 일본어 왕초보 단어

🗨 초간단 회화

A: これ来週から放送スタートだって。
　　らいしゅう　　ほうそう

B: 面白そうだね。
　　おもしろ

A: でしょ？リアルタイムで見たい。
　　　　　　　　　　　　　　　み

B: 私も。
　　わたし

A: 이거 다음 주부터 방송 스타트래.

B: 재밌겠네.

A: 그렇지? 본방사수하고 싶어.

B: 나도.

※ <주제별 단어 퀴즈 PDF>로 단어를 복습해 보세요.

신문/잡지

🎧 MP3 바로 듣기

1

신문
しん ぶん
新聞

오늘 신문 봤어?
きょう　しんぶん　よ
今日の新聞読んだ？

2

언론
マスコミ

언론이 떠들썩해.
さわ
マスコミが騒いでいるよ。

3

기자
き しゃ
記者

지역 신문 **기자**입니다.
ち ほうしんぶん　き しゃ
地方新聞の記者です。

4

기사
き じ
記事

흥미로운 **기사**였어.
きょうみ ぶか　き じ
興味深い記事だった。

5

보도
ほう どう
報道

어제 보도되었어요.
きのうほうどう
昨日報道されました。

6

밀착 취재
みっ ちゃく しゅ ざい
密着取材

현장을 밀착 취재했습니다.
げん ば　みっちゃくしゅざい
現場を密着取材しました。

7
기삿거리 찾기
ネタ探し

기삿거리 찾기도 큰일이야.
ネタ探しも大変なんだよ。

8
특종
スクープ

특종을 따고 싶어.
スクープを取りたい。

9
칼럼
コラム

재미있는 **칼럼**이 있었어.
面白いコラムがあったよ。

10
잡지
ざっ し
雑誌

잡지에 실려 있었어.
雑誌にのっていたよ。

11
주간지
しゅうかん し
週刊誌

그 **주간지**, 없어진대.
あの週刊誌、無くなるって。

12
특집
とくしゅう
特集

화제의 신작 영화 **특집**!
話題の新作映画特集！

13
구독
こう どく
購読

정기 **구독**을 그만둬 버렸어.
定期購読をやめちゃった。

14
독자
どく しゃ
読者

독자가 늘지 않아.
読者が増えない。

15
부록
ふ ろく
付録

6월호 **부록**은 향수야.
6月号の付録は香水だよ。

🗨 초간단 회화

A: 今日の新聞読んだ？

B: ううん、まだ。

A: 面白いコラムがあったよ。読んでみて。

B: わかった。

A: 오늘 신문 봤어?

B: 아니, 아직.

A: 새비있는 **칼럼**이 있었어. 읽어 봐.

B: 알았어.

※ <주제별 단어 퀴즈 PDF>로 단어를 복습해 보세요.

동영상 /
인터넷 방송

🎧 MP3 바로 듣기

1

동영상
どう が
動画

동영상을 촬영합니다.
どう が　と
動画を撮ります。

2

스트리밍, 전송
はい しん
配信

동영상 **스트리밍** 사이트
どう が はいしん
動画配信サイト

3

섬네일
サムネ

이거, **섬네일** 너무 웃기다.
おもしろ
これ、サムネ面白すぎ。

4

재생
さい せい
再生

재생이 안 돼.
さいせい
再生ができない。

5

재생 목록
さい せい
再生リスト

재생 목록에 추가했어.
さいせい　　ついか
再生リストに追加した。

6

배속
ばい そく
倍速

배속으로 보고 있어.
ばいそく　み
倍速で見ている。

7

연관 동영상
かん れん どう が
関連動画

연관 동영상에 떴어.
かんれんどうが　ひょうじ
関連動画に表示された。

8

(YouTube의)
인기 급상승 동영상
きゅうじょうしょう
急上昇

인기 급상승 동영상에 올라갔어.
きゅうじょうしょう
急上昇にのってるよ。

9

채널 구독
とうろく
チャンネル登録

채널 구독 잘 부탁해!
とうろく
チャンネル登録よろしく！

10

댓글

コメント

댓글 남겨 주세요.
のこ
コメントを残してください。

11

(YouTube의) 좋아요
こう ひょう か
高評価

좋아요가 많네.
こうひょうか　おお
高評価が多いね。

12

편집
へんしゅう
編集

동영상 편집하고 있어요.
どうが　へんしゅう
動画の編集をしてます。

13

게임 실황
じっきょう
ゲーム実況

게임 실황을 자주 봐요.
じっきょう　み
ゲーム実況をよく見ます。

14

먹방

モッパン

먹방은 좋아하지 않아.
す
モッパンは好きじゃない。

15

(방송인 등) 후원
な　せん
投げ銭

스트리머를 후원했어.
はいしんしゃ　な　せん
配信者に投げ銭した。

💬 초간단 회화

A: これ、サムネ面白すぎ。
おもしろ

B: あ、それ？今急上昇にのってるよ。
いまきゅうじょうしょう

A: そうなんだ。もう見た？
み

B: 見たよ。めっちゃ笑った。
わら

A: 이거, 섬네일 너무 웃기다.

B: 아, 그거? 지금 인기 급상승 동영상에 올라갔어.

A: 그렇구나 벌써 봤어?

B: 봤어. 엄청 웃었어.

※ <주제별 단어 퀴즈 PDF>로 단어를 복습해 보세요.

연극

🎧 MP3 바로 듣기

1

연극
えん げき
演劇

연극을 보러 가자.
えんげき み い
演劇を見に行こう。

2

공연
こう えん
公演

감동적인 **공연**이었어요.
かんどうてき こうえん
感動的な公演でした。

3

극장
げき じょう
劇場

극장에 도착했어요.
げきじょう つ
劇場に着きました。

4

상연
じょう えん
上演

지금 **상연** 중인 공연이에요.
いまじょうえんちゅう こうえん
今上演中の公演です。

5

객석
きゃく せき
客席

객석은 만석이었어요.
きゃくせき まんせき
客席は満席でした。

6

관객
かん きゃく
観客

민폐인 **관객**이 있었어.
めいわく かんきゃく
迷惑な観客がいたんだよ。

7

주연
しゅ えん
主演

주연은 누구예요?
しゅえん　だれ
主演は誰ですか？

8

연기
えん ぎ
演技

대단한 **연기**였지요.
すば　　　　えん ぎ
素晴らしい演技でしたね。

9

대사
せりふ
台詞

대사를 까먹은 것 같았어.
せりふ　わす
台詞を忘れたようだった。

10

대본
だい ほん
台本

대본을 읽고 있어요.
だいほん　よ
台本を読んでいます。

11

무대
ぶ たい
舞台

출연자가 **무대**에 나왔어.
しゅつえんしゃ　ぶ たい　で
出演者が舞台に出てきた。

12

막
まく
幕

막이 올랐어요.
まく　あ
幕が上がりました。

13

명장면
み
見どころ

이 장면이 **명장면**이야.
み
このシーンが見どころだ。

14

애드리브
アドリブ

그거 **애드리브**였어?!
あれアドリブだったの！？

15

MD 부스
ぶっ ぱん
物販
↪ 연극, 영화 등의 굿즈 판매 장소

지금 **MD부스**에 줄 서 있어.
いまぶっぱん　なら
今物販に並んでるよ。

💬 초간단 회화

A: いや～、感動的な公演でした。
　　　　　かんどうてき　　こうえん

B: 本当に最高でした。
　　ほんとう　さいこう

A: 最後のシーンは素晴らしい演技でしたね。
　　さいご　　　　　　　すば　　　　えん ぎ

B: はい、すごくよかったです。

A: 이야~, 감동적인 공연이었어요.
B: 정말 최고였어요.
A: 미지믹 징면은 대틴힌 인기였지묘.
B: 네, 정말 좋아었어요.

※ <주제별 단어 퀴즈 PDF>로 단어를 복습해 보세요.

뮤지컬

🎧 MP3 바로 듣기

1

뮤지컬

ミュージカル

뮤지컬 안 볼래?

ミュージカル見ない？

2

노래
うた
歌

그 여배우의 노래가 좋았어.
じょゆう　うた
あの女優の歌がよかった。

3

뮤지컬 곡

ナンバー

어떤 **뮤지컬** 곡을 좋아해?
す
どんなナンバーが好き？

4

목소리
こえ
声

목소리가 역할에 잘 어울려.
こえ　やく　あ
声が役に合っている。

5

안무
ふり つけ
振付

재미있는 **안무**네.
おもしろ　ふりつけ
面白い振付だね。

6

군무
ぐん ぶ
群舞

군무가 굉장했어.
ぐんぶ　すば
群舞が素晴らしかった。

7
무대 의상
ぶ たい い しょう
舞台衣装

화려한 **무대 의상**이네.
はな　　　　 ぶたいいしょう
華やかな**舞台衣装**だね。

8
무대 장치
セット

무대 장치가 화려했어.
　　　　　　 は で
セットが派手だった。

9
무대 소품
こ どう ぐ
小道具

무대 소품 너무 진짜 같지 않아?
こどうぐ
小道具リアルすぎない？

10
극단
げき だん
劇団

좋아하는 **극단**의 공연이에요.
す　　　 げきだん　 こうえん
好きな**劇団**の公演です。

11
사전 예약, 사전 예매
せん こう よ やく
先行予約

사전 예약은 내일부터야.
せんこうよやく　　あした
先行予約は明日からだよ。

12
티켓
チケット

당일 **티켓** 살 수 있나요?
とうじつ　　　　　　 か
当日**チケット**買えますか？

13
첫날
しょ にち
初日

첫날 티켓 갖고 있어.
しょにち
初日のチケットがあるんだ。

14
리허설
リハーサル

리허설 하고 있나 봐.
リハーサルやってるみたい。

15
커튼콜
カーテンコール

커튼콜이 끝나지 않아.
　　　　　　　　　　　　や
カーテンコールが止まない。

💬 **초간단 회화**

いっしょ　　　　　　　　　　み
A: 一緒にミュージカル見ない？

B: いつ？

にじゅういちにち　しょにち
A: ２１日！初日のチケットがあるんだ。

ほんとう　　 い
B: 本当？行きたい！

A: 같이 뮤지컬 안 볼래?

B: 언제?

A: 21일! 첫날 티켓 갖고 있어.

B: 정말? 가고 싶어!

※ <주제별 단어 퀴즈 PDF>로 단어를 복습해 보세요.

콘서트

🎧 MP3 바로 듣기

1

콘서트
コンサート

단독 **콘서트** 결정!
<ruby>単独<rt>たんどく</rt></ruby>コンサート<ruby>決定<rt>けってい</rt></ruby>！

2

연주회
<ruby>演奏会<rt>えん そう かい</rt></ruby>

연주회가 열렸어요.
<ruby>演奏会<rt>えんそうかい</rt></ruby>が<ruby>開<rt>ひら</rt></ruby>かれました。

3

전국 투어
<ruby>全国<rt>ぜん こく</rt></ruby>ツアー

전국 투어가 시작됩니다.
<ruby>全国<rt>ぜんこく</rt></ruby>ツアーが<ruby>始<rt>はじ</rt></ruby>まります。

4

라이브
ライブ

라이브로 듣고 싶어!
ライブで<ruby>聞<rt>き</rt></ruby>きたい！

5

가수
<ruby>歌手<rt>か しゅ</rt></ruby>

좋아하는 **가수**의 공연이야?
<ruby>好<rt>す</rt></ruby>きな<ruby>歌手<rt>か しゅ</rt></ruby>の<ruby>公演<rt>こうえん</rt></ruby>なの？

6

공연장
<ruby>会場<rt>かい じょう</rt></ruby>

공연장은 정말 넓었어.
<ruby>会場<rt>かいじょう</rt></ruby>はすごく<ruby>広<rt>ひろ</rt></ruby>かった。

7

돌출 무대
はな みち
花道

가수가 돌출 무대로 나왔어.
か しゅ はなみち で
歌手が花道に出てきた。

8

명당 자리
かみ せき
神席

명당 자리 잡았다!
かみせき と
神席取れた！

9

시야 제한석
み き せき
見切れ席

시야 제한석이라 잘 안 보여.
み き せき み
見切れ席だから見にくい。

10

스태프
スタッフ

스태프에게 주의 받았어.
ちゅう い
スタッフから注意された。

11

공연 곡 목록
セトリ

LIST

'Set list'의 약어

공연 곡 목록에 명곡뿐이네!
めいきょく
セトリに名曲ばかり！

12

앙코르
アンコール

계속 앙코르를 외쳤어.
さけ つづ
アンコールを叫び続けた。

13

팬
ファン

이 밴드의 팬이에요.
このバンドのファンです。

14

최애
お
推し

누가 최애예요?
だれ お
誰推しですか？

15

응원봉
ペンライト

같이 응원봉 흔들어 줘!
いっしょ ふ
一緒にペンライト振って！

💬 **초간단 회화**

A: たんどく けってい い
単独コンサート決定？行かなきゃ！

B: す か しゅ こうえん
好きな歌手の公演なの？

A: お
うん、推しのだよ！

B: わあ、よかったじゃん。

A: 단독 콘서트 결정? 이건 가야 돼!

B: 좋아하는 가수의 공연이야?

A: 응, 최애 공연이야!

B: 와, 잘됐네.

※ <주제별 단어 퀴즈 PDF>로 단어를 복습해 보세요.

전시회

🎧 MP3 바로 듣기

1

전시회, 전람회
てん らん かい
展覧会

전시회에 가자.
てんらんかい　い
展覧会に行こう。

2

전시
てん じ
展示

이 **전시**, 유료인가요?
てんじ　ゆうりょう
この展示、有料ですか？

3

상설 전시
じょうせつ てん
常設展

상설 전시에서 언제든 볼 수 있어.
じょうせつてん　　　　み
常設展でいつでも見れる。

4

개인전
こ てん
個展

제 첫 **개인전**이에요.
わたし　はつこてん
私の初個展です。

5

관람
かん らん
観覧

무료로 **관람**할 수 있습니다.
む りょう　かんらん
無料で観覧できます。

6

감상
かん しょう
鑑賞

그 명작을 **감상**할 수 있습니다.
めいさく　かんしょう
あの名作が鑑賞できます。

7

갤러리

ギャラリー

작은 갤러리예요.
ちい
小さいギャラリーです。

8

박물관

博物館
はく ぶつ かん

박물관의 전시를 봤어.
はくぶつかん　てん じ　み
博物館の展示を見た。

9

소장품

所蔵品
しょ ぞう ひん

소장품을 공개했어요.
しょぞうひん　こうかい
所蔵品を公開しました。

10

큐레이터

学芸員
がく げい いん

큐레이터의 설명을 들을 수 있어요.
がくげいいん　せつめい　き
学芸員の説明が聞けます。

11

음성 가이드

音声ガイド
おん せい

음성 가이드 앱이 있어.
おんせい
音声ガイドアプリがある。

12

공지

お知らせ
し

전시회 공지입니다.
てんらんかい　し
展覧会のお知らせです。

13

전시 일시

展示日時
てん じ にち じ

전시 일시가 변경되었어.
てんじにちじ　へんこう
展示日時が変更になった。

14

휴관

休館
きゅう かん

연말연시에는 **휴관**합니다.
ねんまつねんし　きゅうかん
年末年始は休館します。

15

민폐 행위

迷惑行為
めい わく こう い

민폐 행위는 하지 맙시다.
めいわくこうい
迷惑行為はやめましょう。

💬 초간단 회화

A: この展示、有料ですか？
てん じ　ゆうりょう

B: いいえ、無料で観覧できます。
む りょう　かんらん

A: おお、いいですね。

B: 音声ガイドアプリもあるので、使ってください。
おんせい　　　　　　　　　　　　　　　　　つか

A: 이 전시, 유료인가요?

B: 아니요, 무료로 관람할 수 있습니다.

A: 오오, 좋네요.

B: 음성 가이드 앱도 있으니, 사용해 주세요.

※ <주제별 단어 퀴즈 PDF>로 단어를 복습해 보세요.

음악

🎧 MP3 바로 듣기

1

음악
おん がく
音楽

평소에, 어떤 **음악** 들어?
ふ だん   おんがく き
普段、どんな音楽聞く？

2

곡
きょく
曲

중독성 있는 곡이네요.
ちゅうどくせい   きょく
中毒性のある曲ですね。

3

장르
ジャンル

좋아하는 **장르**는 뭐야?
す   なに
好きなジャンルは何？

4

악기
がっ き
楽器

어떤 **악기**를 다룰 수 있어?
がっき
どんな楽器ができるの？

5

소리
おと
音

플루트 **소리**가 아름다워.
おと   うつく
フルートの音が美しい。

6

리듬
リズム

리듬이 안 맞아.
あ
リズムが合ってないよ。

7

울림

き

ひび
響き

악기의 울림이 좋네.

がっき　　ひび
楽器の響きがいいね。

8

연주

えん そう
演奏

연주, 잘하네요.

えんそう　じょうず
演奏、上手ですね。

9

선보임

ひ ろう
披露

신곡을 선보였어요.

しんきょく　ひ ろう
新曲を披露しました。

10

가사

か　し
歌詞

가사가 공감 돼.

か し　きょうかん
歌詞が共感できる。

11

작곡

さっきょく
作曲

직접 작곡한 곡이에요.

じぶん　さっきょく　　きょく
自分で作曲した曲です。

12

편곡

へんきょく
編曲

록으로 편곡했어요.

へんきょく
ロックに編曲しました。

13

악보

がく ふ
楽譜

악보를 못 읽어요.

がく ふ　よ
楽譜が読めません。

14

노래방

カラオケ

노래방 안 갈래?

い
カラオケに行かない？

15

음치

おん ち
音痴

심각한 음치예요.

おん ち
ひどい音痴です。

💬 **초간단 회화**

ふ だん　　　　　おんがく き
A: 普段、どんな音楽聞く？

とく
B: ロック。特にこのバンドのを。

す
A: どうして好きなの？

か し　きょうかん
B: 歌詞が共感できるから。

A: 평소에, 어떤 음악 들어?

B: 록. 특히 이 밴드 거를.

A: 왜 좋아해?

B: 가사가 공감되니까.

※ <주제별 단어 퀴즈 PDF>로 단어를 복습해 보세요.

미술

🎧 MP3 바로 듣기

1

미술
びじゅつ
美術

근대 **미술**에 관심이 있어.
きんだい びじゅつ きょうみ
近代美術に 興味がある。

2

화가
が か
画家

제가 좋아하는 **화가**예요.
わたし す が か
私の好きな**画家**です。

3

작품
さく ひん
作品

작품이 드디어 완성됐어.
さくひん
作品がやっとできた。

4

그림
え
絵

이 **그림**, 멋있네요.
え すてき
この**絵**、素敵ですね。

5

수채화
すい さい が
水彩画

수채화를 그리고 있어.
すいさいが か
水彩画を描いているよ。

6

유화
あぶら え
油絵

유화를 배우고 있어요.
あぶら え まな
油絵を学んでいます。

7

조각
ちょうこく
彫刻

고대 그리스의 **조각**
こだい　　　　　　　ちょうこく
古代ギリシャの**彫刻**

8

붓
ふで
筆

붓으로 색을 칠했어요.
ふで　いろ
筆で色をぬりました。

9

물감
え　ぐ
絵の具

물감을 섞어 봤어.
え　ぐ　ま
絵の具を混ぜてみた。

10

색연필
いろ えん ぴつ
色鉛筆

노란색 **색연필** 있어?
き いろ　いろえんぴつ
黄色の**色鉛筆**ある？

11

색채
しき さい
色彩

색채가 매력적이에요.
しきさい　　 み りょくてき
色彩が魅力的です。

12

선명하다, 산뜻하다
あざ
鮮やかだ

색이 **선명하다**.
いろ　あざ
色が**鮮やかだ**。

13

강렬하다
きょうれつ
強烈だ

임팩트가 **강렬**하네.
きょうれつ
インパクトが**強烈だ**ね。

14

추상적이다
ちゅうしょう てき
抽象的だ

표현이 **추상적이다**.
ひょうげん　 ちゅうしょうてき
表現が**抽象的だ**。

15

감정
かん てい
鑑定

진짜인지 **감정** 받았어.
ほんもの　　 かんてい
本物か**鑑定**してもらった。

💬 **초간단 회화**

A: この絵、素敵ですね。
　　え　 すてき
B: 私の好きな画家です。
　　わたし す　　が か
A: 知っているんですか？
　　し
B: はい。最近美術に興味があって。
　　　　さいきん びじゅつ きょうみ

A: 이 그림, 멋있네요.

B: 제가 좋아하는 화가예요.

A: 아세요?

B: 네. 최근 미술에 관심이 있어서.

※ <주제별 단어 퀴즈 PDF>로 단어를 복습해 보세요.

사진

🎧 MP3 바로 듣기

1

사진
しゃしん
写真

사진 찍을게요~.
しゃしん と
写真撮りますよ〜。

2

사진관
しゃ しん
写真スタジオ

사진관에서 촬영했어.
しゃしん　　　　　さつえい
写真スタジオで撮影したよ。

3

촬영
さつ えい
撮影

지금은 촬영 중입니다.
いま　　さつえいちゅう
今は撮影中です。

4

카메라
カメラ

카메라 봐!
み
カメラ見て！

5

삼각대
さん きゃく
三脚

삼각대를 놓고 찍을까?
さんきゃく　つか　　と
三脚を使って撮ろうか？

6

셔터
シャッター

셔터를 눌러.
き
シャッターを切って。

7

초점
ピント

초점이 안 맞았어.
ピントが合ってない。

8

보정
加工
<small>か こう</small>

예쁘게 **보정**했어요.
きれいに加工しました。
<small>か こう</small>

9

사진발
写真写り
<small>しゃ しん うつ</small>

사진발 잘 받네.
写真写りがいいね。
<small>しゃしんうつ</small>

10

(사진이) 잘 나오다
盛れる
<small>も</small>

사진이 **잘 나오다**.
写真が盛れる。
<small>しゃしん も</small>

11

셀카
自撮り
<small>じ ど</small>

셀카는 잘 못 찍어.
自撮りは苦手だよ。
<small>じ ど にがて</small>

12

스티커 사진
プリクラ

스티커 사진, 안 찍을래?
プリクラ、撮らない？
<small>と</small>

13

흑백 사진
モノクロ写真
<small>しゃ しん</small>

흑백 사진이 좋아.
モノクロ写真が好き。
<small>しゃしん す</small>

14

손가락 하트
指ハート
<small>ゆび</small>

손가락 하트 해 봐.
指ハートしてみて。
<small>ゆび</small>

15

액자
写真立て
<small>しゃ しん た</small>

액자에 넣어서 장식했어.
写真立てに入れて飾った。
<small>しゃしんた い かざ</small>

해커스 하루 딱! 10분 일본어 일상 단어

🗨 초간단 회화

A: みんなカメラ見て！はい、チーズ！
<small>み</small>

B: きれいに撮れた？
<small>と</small>

A: あ、ピントが合ってない。
<small>あ</small>

B: じゃあ、もう一度撮ろう。
<small>いち ど と</small>

A: 모두 카메라 봐! 자, 치즈!

B: 예쁘게 찍혔어?

A: 아. 초점이 안 맞아어

B: 그럼, 다시 찍자.

※ <주제별 단어 퀴즈 PDF>로 단어를 복습해 보세요.

동물 / 반려동물

🎧 MP3 바로 듣기

1
동물
どう ぶつ
動物

동물, 좋아하는군요.
どうぶつ　す
動物、好きなんですね。

2
반려동물

ペット

반려동물을 키우고 싶어요.
か
ペットを飼いたいです。

3
개
いぬ
犬

개를 산책시키고 있어요.
いぬ　さんぽ
犬の散歩をしています。

4
고양이
ねこ
猫

고양이랑 놀고 있어.
ねこ　あそ
猫と遊んでいるよ。

5
새
とり
鳥

새가 울고 있어요.
とり　な
鳥が鳴いています。

6
털
け
毛

털이 복슬복슬하네.
け
毛がふわふわだね。

7

꼬리
しっぽ
尻尾

꼬리를 흔들고 있어요.
しっぽ　ふ
尻尾を振っています。

8

날개
はね
羽

날개를 파닥이고 있어.
はね
羽をぱたぱたさせてる。

9

사료, 먹이
えさ

사료, 제대로 줬어?
えさ、ちゃんとやった？

10

개집
いぬ ご や
犬小屋

개집에서 자고 있어.
いぬ ご や　ね
犬小屋で寝てるよ。

11

새장
とり
鳥かご

앵무새를 새장에 넣었어.
とり　い
オウムを鳥かごに入れた。

12

수컷
オス

이 호랑이는 수컷이에요.
とら
この虎はオスです。

13

암컷
メス

암컷 사자예요.
メスのライオンです。

14

동물원
どう ぶつ えん
動物園

소풍으로 동물원에 가.
えんそく　どうぶつえん　い
遠足で動物園に行くよ。

15

수족관
すい ぞく かん
水族館

수족관에서 돌고래 안 볼래?
すいぞくかん　　　　　み
水族館でいるか見ない？

💬 **초간단 회화**

A: ポチにえさ、ちゃんとやった？

B: もちろんだよ。

A: ありがとう。ポチ今何してる？
　　　　　　　　いまなに

B: 犬小屋で寝てるよ。
　　いぬ ご や　ね

A: 포치한테 사료, 제대로 줬어?

B: 당연하지.

A: 고마워. 포치 지금 뭐 해?

B: 개집에서 자고 있어.

※ <주제별 단어 퀴즈 PDF>로 단어를 복습해 보세요.

식물

🎧 MP3 바로 듣기

1

식물
しょくぶつ
植物

식물을 키워 보고 싶어.
しょくぶつ そだ
植物を育ててみたい。

2

심다
う
植える

모종을 심는다.
なえ う
苗を植える。

3

꽃
はな
花

꽃이 피었어요.
はな さ
花が咲きました。

4

장미

バラ

장미가 아름다워요.
うつく
バラが美しいです。

5

벚꽃
さくら
桜

벚꽃, 져 버렸네.
さくら ち
桜、散ってしまったね。

6

나무
き
木

나무가 멋지네.
りっぱ き
立派な木だね。

7

단풍

もみじ

단풍을 주웠어요.
もみじを拾いました。

8

풀

草
くさ

풀을 베어 주세요.
草をかってください。
くさ

9

싹

芽
め

싹이 나왔어.
芽が出たよ。
め で

10

잎

葉っぱ
は

잎이 말라 버렸어.
葉っぱが枯れちゃった。
は か

11

가지

枝
えだ

가지 꺾지 마.
枝を折らないで。
えだ お

12

뿌리

根っこ
ね

뿌리가 질겨서 안 뽑혀.
根っこが強くて抜けない。
ね つよ ぬ

13

정원

庭
にわ

정원에 씨앗을 심었어요.
庭に種を植えました。
にわ たね う

14

만개

満開
まん かい

라벤더가 만개했어요.
ラベンダーが満開です。
まんかい

15

꽃가루

花粉
か ふん

꽃가루가 심해요.
花粉がひどいです。
か ふん

Chapter 11

해커스 하루 딱! 10분 일본어 일상 단어

💬 **초간단 회화**

A: ラベンダーの種はどうなった？
たね
B: 昨日芽が出たよ。
きのう め で

A: よかったね。私も植物を育ててみたい。
わたし しょくぶつ そだ

B: バラとかどう？

A: 라벤더 씨앗은 어떻게 됐어?

B: 어제 싹이 나왔어.

A: 잘됐네. 나도 식물을 기워 보고 싶어.

B: 장미라든가 어때?

※ <주제별 단어 퀴즈 PDF>로 단어를 복습해 보세요.

운동 / 연습

🎧 MP3 바로 듣기

1

운동
うん どう
運動

같이 **운동** 안 할래?
いっしょ　うんどう
一緒に運動しない？

2

스포츠
スポーツ

스포츠라면 다 좋아해.
　　　　ぜん ぶ す
スポーツなら全部好き。

3

연습
れん しゅう
練習

연습 힘들지 않아?
れんしゅうたいへん
練習大変じゃない？

4

특훈
とっ くん
特訓

내일부터 **특훈** 시작이에요.
あした　　　とっくんかい し
明日から特訓開始です。

5

합숙
がっしゅく
合宿

합숙에 참가해요.
がっしゅく　さん か
合宿に参加します。

6

준비 운동
じゅん び たい そう
準備体操

준비 운동은 필수예요.
じゅん び たいそう　　ひっ す
準備体操は必須です。

7
스트레칭
ストレッチ

스트레칭은 잊지 말도록.
ストレッチは忘れずに。
<small>わす</small>

8
트레이닝
トレーニング

매일 **트레이닝** 하고 있어.
毎日トレーニングしてる。
<small>まいにち</small>

9
이미지 트레이닝
イメトレ

본 경기 전에 **이미지 트레이닝**하자.
本番前にイメトレしよう。
<small>ほんばんまえ</small>

10
실력
実力
<small>じつりょく</small>

실력을 100% 발휘하고 싶어.
実力を100%発揮したい。
<small>じつりょく ひゃく はっき</small>

11
체력
体力
<small>たい りょく</small>

체력을 길러야 하는데.
体力をつけなきゃ。
<small>たいりょく</small>

12
운동 신경
運動神経
<small>うん どう しん けい</small>

운동 신경이 좋아.
運動神経がいい。
<small>うんどうしんけい</small>

13
순발력
瞬発力
<small>しゅん ぱつ りょく</small>

순발력을 기르자.
瞬発力をきたえよう。
<small>しゅんぱつりょく</small>

14
유연성
柔軟性
<small>じゅう なん せい</small>

유연성이 조금 부족해.
柔軟性が少し欠けてる。
<small>じゅうなんせい すこ か</small>

15
자세
姿勢
<small>し せい</small>

바른 **자세**가 중요합니다.
正しい姿勢が重要です。
<small>ただ しせい じゅうよう</small>

💬 **초간단 회화**

A: 最近チームどう？
<small>さいきん</small>

B: いい感じだよ。
<small>かん</small>

A: そっか。練習大変じゃない？
<small>れんしゅうたいへん</small>

B: うん。でも実力を100%発揮したいから。
<small>じつりょく ひゃく はっき</small>

A: 요즘 팀 어때?

B: 잘 돼가고 있어.

A: 그렇구나. 연습 힘들지 않아?

B: 응. 하지만 실력을 100% 발휘하고 싶으니까.

※ <주제별 단어 퀴즈 PDF>로 단어를 복습해 보세요.

시합 / 경기

🎧 MP3 바로 듣기

1

시합
し あい
試合

곧 **시합** 시작돼.
し あい はじ
もうすぐ**試合**始まるよ。

2

대회
たい かい
大会

다음 달에 전국 **대회**가 있어.
らいげつぜんこくたいかい
来月全国大会がある。

3

개최
かい さい
開催

내년에 **개최**돼요.
らいねん　かいさい
来年に**開催**されます。

4

출전
しゅつじょう
出場

현 대회 **출전**이 결정됐어.
けんたいかいしゅつじょう　　き
県大会出場が決まった。

5

예선
よ せん
予選

예선 통과했어.
よせんつうか
予選通過したよ。

6

결승
けっしょう
決勝

결승 가면 좋겠네에.
けっしょうい
決勝行けたらいいなあ。

7
대진표

トーナメント表

대진표, 봤어?

トーナメント表、見た？

8
팀

チーム

저 팀 강하네.

あのチーム強いな。

9
작전

作戦

작전을 세워야 해.

作戦を立てなきゃ。

10
득점

得点

또 득점했다!

また得点した！

11
이기다

勝つ

반드시 이긴다.

必ず勝つ。

12
지다

負ける

예선에서 **지다니**….

予選で負けるなんて…。

13
관전

観戦

관전하러 갔다 왔어요.

観戦に行ってきました。

14
응원

応援

다나카 선수를 응원하고 있어.

田中選手を応援してる。

15
중계

中継

인터넷 중계되고 있대.

ネット中継されてるって。

💬 **초간단 회화**

A: わあ、また得点した！

B: 田中選手すごい！

A: あ〜、このまま決勝行けたらいいなあ。

B: 絶対行けるよ。

A: 와, 또 득점했다!

B: 다나카 선수 대단해!

A: 아~, 이내로 결승 가면 좋겠네에.

B: 분명 갈 수 있을 거야.

※ <주제별 단어 퀴즈 PDF>로 단어를 복습해 보세요.

축구

🎧 MP3 바로 듣기

1

축구

サッカー

축구 시합 시작했어!

サッカーの試合始まってる！

2

공격수

フォワード

포지션은 공격수.

ポジションはフォワード。

3

수비수

ディフェンダー

그는 수비수야.

彼はディフェンダーだよ。

4

스타팅 멤버

スタメン

스타팅 멤버로 출전했네.

スタメンで出場したね。

5

드리블

ドリブル

드리블 엄청 빠르다!

すごい速いドリブル！

6

패스

パス

패스 받았습니다!

パスを受けました！

7

골

ゴール

골 들어갔습니다!

ゴールが決まりました！

8

코너킥

コーナーキック

코너킥에서 골!

コーナーキックからゴール！

9

승부차기

PK戦(せん)

이제부터 **승부차기**입니다.

これから**PK戦(せん)**です。

10

전반전

前半(ぜんはん)

전반전 종료입니다.

前半終了(ぜんはんしゅうりょう)です。

11

후반전

後半(こうはん)

후반전 시작합니다.

後半(こうはん)が**始(はじ)**まります。

12

선수 교체

選手交代(せんしゅこうたい)

감독이 **선수 교체**를 선언했어.

監督(かんとく)が**選手交代(せんしゅこうたい)**を**告(つ)**げた。

13

반칙

反則(はんそく)

저건 **반칙**이지!

あれは**反則(はんそく)**だろ！

14

활약

活躍(かつやく)

엄청난 **활약**을 보여 줬어.

すごい**活躍(かつやく)**を**見(み)**せた。

15

역전

逆転(ぎゃくてん)

시합 종료 1분 전에 **역전**!

試合終了(しあいしゅうりょう)1分前(いっぷんまえ)に**逆転(ぎゃくてん)**！

Chapter 12 · 해커스 하루 딱! 10분 일본어 왕초보 단어

🗨 초간단 회화

A: すごい**速(はや)**いドリブル！**誰(だれ)**なの、**彼(かれ)**？

B: **林選手(はやしせんしゅ)**だよ。ポジションはフォワード。

A: あっ、ボール**取(と)**られた。

B: ここでミスか〜。

A: 드리블 엄청 빠르다! 누구야, 저 사람?

B: 하야시 선수야. 포지션은 공격수.

A: 아 볼 뺏겼다

B: 여기서 실수라니~.

※ <주제별 단어 퀴즈 PDF>로 단어를 복습해 보세요.

야구

🎧 MP3 바로 듣기

1

야구
야 きゅう
野球

야구, 좋아하나요?
やきゅう　す
野球、好きですか？

2

야구 방망이
バット

야구 방망이를 휘두른다.
ふ
バットを振る。

3

투수
ピッチャー

투수, 던졌습니다!
な
ピッチャー、投げました！

4

포수
キャッチャー

포수가 잡았어.
キャッチャーがつかんだ。

5

등번호
せ ばん ごう
背番号

등번호 1번은 모리 선수야.
せ ばんごういちばん　もりせんしゅ
背番号1番は森選手だよ。

6

초
おもて
表

・말: 裏 うら

9회 초에서 역전했어.
きゅうかいおもて　ぎゃくてん
9回表で逆転したよ。

7

등판
とう ばん
登板

1군으로 등판했어요.
いちぐん　とうばん
1軍で登板しました。

8

투구
ピッチング

완벽한 투구입니다.
かんぺき
完璧なピッチングです。

9

삼진
さん しん
三振

헛스윙 삼진하다니.
から ぶ　さんしん
空振り三振するなんて。

10

도루
とう るい
盗塁

도루에 성공했네요.
とうるい　せいこう
盗塁に成功しましたね。

11

결승타
けっしょう だ
決勝打

8회 말에서 결승타가 나왔어.
はちかいうら　けっしょうだ　で
8回裏で決勝打が出た。

12

만루 홈런
まん るい
満塁ホームラン

만루 홈런으로 4점!
まんるい　　　　　　よんてん
満塁ホームランで4点！

13

끝내기 승
が
サヨナラ勝ち
↳ 마지막 회에 득점해 이김

끝내기 승을 했습니다.
が
サヨナラ勝ちをしました。

14

타율
だ りつ
打率

타율 3할의 타자예요.
だ りつさんわり
打率3割のバッターです。

15

고시엔
こう し えん
甲子園
↳ 일본의 고교 야구 대회

고시엔을 목표로 하고 있어요.
こうしえん　めざ
甲子園を目指しています。

💬 초간단 회화

A: あれ？うちのチーム勝ってる？
　　　　　　　　　　　　か

B: 9回表で逆転したよ。
　きゅうかいおもて　ぎゃくてん

A: ええ！？どうやって？

B: 満塁ホームランで4点！すごかったよ。
　まんるい　　　　　　よんてん

A: 어라? 우리 팀 이기고 있네?

B: 9회 초에서 역전했어.

A: 뭐가 어떻게?

B: 만루 홈런으로 4점! 굉장했어.

※ <주제별 단어 퀴즈 PDF>로 단어를 복습해 보세요.

농구 / 배구 / 테니스

🎧 MP3 바로 듣기

1

농구
バスケ

농구 안 할래?

バスケしない？

2

덩크슛
ダンクシュート

멋진 **덩크슛**!

かっこいい**ダンクシュート**！

3

3점슛
3 ポイントシュート
^{スリー}

3점슛을 넣었어.

^{スリー}
3 ポイントシュートを決めた。
^き

4

자유투
フリースロー

자유투 들어갔습니다!

フリースローが入りました！
^{はい}

5

경기력
競技力
^{きょう ぎ りょく}

경기력 좋네.

^{きょう ぎ りょく}
競技力いいな。

6

배구
バレーボール

배구, 시작했어요.

バレーボール、始めました。
^{はじ}

7

서브

サーブ

서브가 빛나가 버렸어.
サーブを外はずしてしまった。

8

스파이크

スパイク

강렬한 **스파이크**!
強烈きょうれつな**スパイク**！

9

리시브

レシーブ

정확히 **리시브**했습니다!
正確せいかくに**レシーブ**しました！

10

공방전
こう ぼう せん

攻防戦

공방전이 이어지고 있어.
攻防戦こうぼうせんが続つづいてる。

11

테니스

テニス

테니스 교실을 다니고 있어요.
テニス教室きょうしつに通かよってます。

12

라켓

ラケット

좋은 **라켓**을 갖고 싶어.
いい**ラケット**が欲ほしい。

13

스매싱

スマッシュ

스매싱이 빠르네요.
スマッシュ速はやいですね。

14

복식

ダブルス

↳ 2:2로 경기함
•단식: シングルス

복식으로 쳐요.
ダブルスでプレーします。

15

랠리

ラリー

↳ 양쪽에서 공을 계속 받아침

랠리가 길게 이어지지 않아요.
ラリーが長ながく続つづきません。

💬 초간단 회화

A: 週末しゅうまつは何なにをしていますか？
B: テニス教室きょうしつに通かよってます。
A: へえ、面白おもしろいですか？
B: 面白おもしろいですが、ラリーが長ながく続つづきません。

A: 주말엔 뭐해요?
B: 테니스 교실을 다니고 있어요.
A: 와, 재미있어요?
B: 재미있는데, 랠리가 길게 이어지지 않아요.

※ <주제별 단어 퀴즈 PDF>로 단어를 복습해 보세요.

수영/골프/스키

🎧 MP3 바로 듣기

1

수영
すい えい
水泳

수영을 잘해요.
すいえい　とくい
水泳が得意です。

2

수영장
プール

수영장 안 갈래?
プール行かない？

3

헤엄치다
およ
泳ぐ

바다에서 **헤엄친다.**
うみ　およ
海で泳ぐ。

4

평영
ひら およ
平泳ぎ

평영을 할 수 있어요.
ひらおよ
平泳ぎができます。

5

접영
バタフライ

접영을 배웠어.
なら
バタフライを習ったよ。

6

킥판
ばん
ビート板

킥판을 쓰면 어때?
ばん　つか
ビート板を使ったら？

7
골프

ゴルフ

골프는 처음이에요.
ゴルフは初めてです。
<small>はじ</small>

8
골프채

ゴルフクラブ

애용하는 골프채예요.
愛用のゴルフクラブです。
<small>あいよう</small>

9
홀인

カップイン

홀인하고 싶어.
カップインさせたい。

10
스윙

スイング

스윙 연습은 중요해.
スイングの練習は大事だよ。
<small>れんしゅう だいじ</small>

11
캐디

キャディー

캐디가 동행합니다.
キャディーが付きます。
<small>つ</small>

12
스키

スキー

스키를 타고 싶어.
スキーがしたい。

13
상급 코스
<small>じょうきゅう</small>

上級コース

상급 코스에 도전!
上級コースに挑戦！
<small>じょうきゅう ちょうせん</small>

14
고글

ゴーグル

고글 잊지 마.
ゴーグルを忘れないでね。
<small>わす</small>

15
스노보드

スノボ

스노보드 재미있었지.
スノボ楽しかったね。
<small>たの</small>

💬 **초간단 회화**

A: 昨日はスノボ楽しかったね。
<small>きのう たの</small>

B: そうだね。今日もする？
<small>きょう</small>

A: 今日はスキーがしたい。
<small>きょう</small>

B: じゃ、スキーをしよう。

A: 어제는 스노보드 재미있었지.
B: 그러게. 오늘도 탈래?
A: 오늘은 스키를 타고 싶어.
B: 그럼, 스키 타자.

※ <주제별 단어 퀴즈 PDF>로 단어를 복습해 보세요.

관광

🎧 MP3 바로 듣기

1

관광
かん こう
観光

일본을 **관광**해요.
に ほん かん こう
日本を観光します。

2

여행
りょ こう
旅行

도쿄를 **여행**하고 있어요.
とうきょう りょこう
東京を旅行してます。

3

당일치기
ひ がえ
日帰り

당일치기로 갔다 왔어요.
ひ がえ い
日帰りで行ってきました。

4

패키지여행
だん たい
団体ツアー

패키지여행에 참가했어요.
だんたい さん か
団体ツアーに参加しました。

5

세계 일주
せ かい いっしゅう
世界一周

세계 일주하는 게 꿈이에요.
せかいいっしゅう ゆめ
世界一周するのが夢です。

6

지도
ち ず
地図

지도를 보면서 가요.
ち ず み い
地図を見ながら行きます。

7

명소

名所
めい しょ

여기는 관광 **명소**야.
ここは観光**名所**だよ。
かんこうめいしょ

8

세계 유산

世界遺産
せ かい い さん

세계 유산을 보러 왔어.
世界遺産を見に来た。
せ かい い さん み き

9

명물

名物
めい ぶつ

후쿠오카의 **명물**을 먹었어요.
福岡の**名物**を食べました。
ふくおか めいぶつ た

10

기념품, 토산품

お土産
みやげ

여기 **기념품**이에요.
お土産をどうぞ。
みやげ

11

맛집 탐방

食べ歩き
た ある

맛집 탐방이라 하면 오사카!
食べ歩きといったら**大阪**！
た ある おおさか

12

(맛있는) 요리

グルメ

본고장의 **요리**를 즐기고 싶어.
本場の**グルメ**を楽しみたい。
ほんば たの

13

전망대

展望台
てん ぼう だい

전망대에서 야경을 봤어.
展望台から夜景を見た。
てんぼうだい やけい み

14

입장료

入場料
にゅうじょうりょう

입장료가 비싸요.
入場料が高いです。
にゅうじょうりょう たか

15

관광 안내소

観光案内所
かん こう あん ない じょ

관광 안내소는 어디인가요?
観光案内所はどこですか？
かんこうあんないじょ

💬 **초간단 회화**

A: **先輩**！**お土産**をどうぞ。
せんぱい みやげ

B: ありがとう。どこ**行**ってきたの？
い

A: **大阪**に**日帰**りで**行**ってきました。
おおさか ひがえ い

B: へえ、いいな～。

A: 선배! 여기 기념품이에요.

B: 고마워. 어디 갔다 왔어?

A: 오사카에 당일치기로 갔다 왔어요

B: 와, 좋았겠다~.

※ <주제별 단어 퀴즈 PDF>로 단어를 복습해 보세요.

호텔

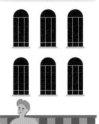

1

호텔

ホテル

호텔을 예약했어요.
よやく
ホテルを予約しました。

2

객실
きゃく しつ
客室

바다가 보이는 객실이에요.
うみ み　　きゃくしつ
海が見える客室です。

3

복도 끝방
かど べ や
角部屋

복도 끝방으로 하고 싶어요.
かど べ や
角部屋にしたいです。

4

묵다
と
泊まる

호텔에 묵는다.
と
ホテルに泊まる。

5

숙박료
しゅく はく りょう きん
宿泊料金

숙박료가 생각 외로 쌌어.
しゅくはくりょうきん　あんがいやす
宿泊料金が案外安かった。

6

~박
はく
～泊

2박 예정이에요.
に はく　　よ てい
２泊の予定です。

7

체크인

チェックイン

체크인은 15시부터.
チェックインは１５時から。
じゅうごじ

8

취소

キャンセル

예약, 취소했어.
予約、キャンセルしたよ。
よやく

9

캐리어

スーツケース

캐리어 들어드리겠습니다.
スーツケースお持ちします。
も

10

짐

荷物
に もつ

짐을 맡아 주실 수 있나요?
荷物を預かってもらえますか？
にもつ あず

11

금연

禁煙
きん えん

실내는 금연입니다.
室内は禁煙です。
しつない きんえん

12

조식

朝食
ちょうしょく

조식 예약 되나요?
朝食の予約できますか？
ちょうしょく よやく

13

스파 욕조

ジャグジー

스파 욕조도 있어!
ジャグジーもあるよ！

14

연회장

宴会場
えん かいじょう

연회장을 빌렸어요.
宴会場を貸切りました。
えんかいじょう かしき

15

호화롭다

豪華だ
ごう か

호텔이 호화롭다.
ホテルが豪華だ。
ごう か

💬 **초간단 회화**

A: 何時から入れますか？
なん じ　はい

B: チェックインは１５時からです。
じゅうごじ

A: じゃ、先に荷物を預かってもらえますか？
さき に もつ あず

B: かしこまりました。

A: 몇 시부터 들어갈 수 있나요?

B: 체크인은 15시부터입니다.

A: 그럼, 먼저 짐을 맡아 주실 수 있나요?

B: 알겠습니다.

※ <주제별 단어 퀴즈 PDF>로 단어를 복습해 보세요.

료칸 / 온천

🎧 MP3 바로 듣기

1

료칸
りょ かん
旅館

료칸은 처음이야!
りょかん はじ
旅館は初めて！

2

일본식 방
わ しつ
和室

차분한 분위기의 **일본식 방**이네요.
お　つ　わしつ
落ち着いた**和室**ですね。

3

다다미
たたみ
畳
↳ 짚으로 된 일본의 전통 바닥재

다다미로 되어 있어.
たたみ
畳になっている。

4

유카타
ゆかた
↳ 일본식 무명 홑옷

유카타가 마련돼 있어요.
ようい
ゆかたが用意されてます。

5

객실 내 식사
へ や しょく
部屋食

객실 내 식사를 즐길 수 있습니다.
へ や しょく　た の
部屋食が楽しめます。

6

가이세키 요리
かい せき りょう り
懐石料理
↳ 일본 전통 코스 요리

가이세키 요리도 먹었어.
かいせきりょうり　　た
懐石料理も食べた。

7
온천
温泉

온천에 들어가자.
温泉に入ろう。

8
온천가
温泉街

조용한 온천가네요.
静かな温泉街ですね。

9
대형 목욕탕
大浴場

대형 목욕탕을 이용하고 싶어요.
大浴場を利用したいです。

10
노천탕
露天風呂

노천탕은 어디인가요?
露天風呂はどこですか？

11
가족탕
家族風呂

가족탕은 있나요?
家族風呂はありますか？

12
전세탕
貸切風呂

전세탕을 예약했는데요.
貸切風呂を予約しましたが。

13
족욕
足湯

족욕 기분 좋다!
足湯気持ちいい！

14
온천 달걀
温泉たまご
↳ 온천 물에 익힌 달걀

온천 달걀 사자.
温泉たまご買おうよ。

15
송영버스
送迎バス
↳ 료칸/온천과 터미널 등을 정기적으로 왕복하는 버스

송영버스는 무료입니다.
送迎バスは無料です。

🗨 초간단 회화

A: 露天風呂はどこですか？
B: 5階にあります。
A: それと、家族風呂もありますか？
B: ありますが、予約が必要です。

A: 노천탕은 어디인가요?
B: 5층에 있습니다.
A: 그리고, 가족탕도 있나요?
B: 있습니다만, 예약이 필요해요.

※ <주제별 단어 퀴즈 PDF>로 단어를 복습해 보세요.

캠핑

🎧 MP3 바로 듣기

1

캠핑
キャンプ

- - - - - - - - - - - - - - - - - -

캠핑하러 안 갈래?
キャンプに行^いかない？

2

글램핑
グランピング

- - - - - - - - - - - - - - - - - -

취미는 **글램핑**이에요.
趣味^{しゅみ}は**グランピング**です。

3

차박
車中泊^{しゃちゅうはく}

- - - - - - - - - - - - - - - - - -

차박도 재밌을 것 같아.
車中泊^{しゃちゅうはく}も面白^{おもしろ}そう。

4

캠핑장
キャンプ場^{じょう}

- - - - - - - - - - - - - - - - - -

드디어 **캠핑장** 도착!
やっと**キャンプ場^{じょう}**到着^{とうちゃく}！

5

텐트
テント

- - - - - - - - - - - - - - - - - -

빨리 가서 **텐트** 치자.
早^{はや}く行^いって**テント**張^はろう。

6

침낭
寝袋^{ね ぶくろ}

- - - - - - - - - - - - - - - - - -

침낭, 폭신폭신하네.
寝袋^{ね ぶくろ}、ふかふかだね。

7

랜턴

ランタン

랜턴, 켜도 돼?

ランタン、つけていい？

8

모닥불

焚き火

모닥불 따뜻해.

焚き火暖かいよ。

9

벌레

虫

벌레는 질색이야.

虫は苦手だよ。

10

바비큐

バーベキュー

바비큐 하자!

バーベキューしよう！

11

아이스 박스

クーラーボックス

아이스 박스 어딨어?

クーラーボックスどこ？

12

휴대용 가스 버너

カセットコンロ

휴대용 가스 버너 꺼내 줘.

カセットコンロ出して。

13

부탄 가스

カセットボンベ

부탄 가스 몇 캔 있어?

カセットボンベ何本ある？

14

일회용품

使い捨て

일회용품이라면 있어.

使い捨てならあるよ。

15

캠핑하기 좋은 날

キャンプ日和

캠핑하기 좋은 날이네!

キャンプ日和だね！

💬 **초간단 회화**

A: やっとキャンプ場到着！

B: 今日、天気よくてよかった。

A: 本当キャンプ日和だね！

B: 早く行ってテント張ろう。

A: 드디어 캠핑장 도착!

B: 오늘, 날씨 좋아서 다행이야.

A: 진짜 캠핑하기 좋은 날이네!

B: 빨리 가서 텐트 치자.

※ <주제별 단어 퀴즈 PDF>로 단어를 복습해 보세요.

등산 / 해수욕

🎧 MP3 바로 듣기

1

산
やま
山

산에 자주 가요.
やま　　い
山によく行ってます。

2

등산
と　ざん
登山

등산을 시작했어요.
と　ざん　　はじ
登山を始めました。

3

오르다
のぼ
登る

휴일엔 산에 **오른다**.
やす　　ひ　　やま　のぼ
休みの**日**は**山**に**登る**。

4

경치
け　しき
景色

경치가 멋지네!
け しき　　すてき
景色が**素敵**だね！

5

배낭

リュック

배낭 안 무거워?
　　　　　　おも
リュック重くない？

6

등산화
と　ざんぐつ
登山靴

새 등산화를 샀어.
あたら　　　と ざんぐつ　か
新しい**登山靴**を**買**ったよ。

7
정상
ちょうじょう
頂上

드디어 **정상**이다!
ちょうじょう
やっと**頂上**だ！

8
바다
うみ
海

바다, 예쁘다!
うみ
海、きれい！

9
(해수욕장) **쉼터**
うみ　いえ
海の家

저기 **쉼터**가 있어.
うみ　いえ
あそこに**海の家**がある。

10
모래사장
すな はま
砂浜

모래사장에서 놀고 있어.
すなはま　あそ
砂浜で遊んでるよ。

11
파도
なみ
波

파도 타고 싶다!
なみ　の
波に乗りたい！

12
수영복
みず ぎ
水着

수영복으로 갈아입고 왔어.
みずぎ　き が
水着に着替えてきた。

13
튜브
う　わ
浮き輪

튜브, 빌려 왔어.
う わ　か
浮き輪、借りてきたよ。

14
조개껍질
かい がら
貝殻

조개껍질을 주워요.
かいがら　ひろ
貝殻を拾います。

15
피부가 탐
ひ や
日焼け

바캉스로 **피부가 탔어.**
ひ や
バカンスで**日焼け**したよ。

Chapter13

해커스 하루 딱! 10분 일본어 일상 단어

💬 초간단 회화

みず ぎ　き が
A: 水着に着替えてきた！みんなは？
すなはま　あそ
B: 砂浜で遊んでるよ。
わたし　い
A: そうなんだ。私たちも行こう！
い
B: よし、行こう！

A: 수영복으로 갈아입고 왔어! 애들은?
B: 모래사장에서 놀고 있어.
A: 그렇구나. 우리도 가자!
B: 좋아, 가자!

※ <주제별 단어 퀴즈 PDF>로 단어를 복습해 보세요.

놀이공원

🎧 MP3 바로 듣기

1

놀이공원
<ruby>遊<rt>ゆう</rt></ruby><ruby>園<rt>えん</rt></ruby><ruby>地<rt>ち</rt></ruby>

놀이공원에 갔어요.
<ruby>遊<rt>ゆう</rt></ruby><ruby>園<rt>えん</rt></ruby><ruby>地<rt>ち</rt></ruby>に<ruby>行<rt>い</rt></ruby>きました。

2

개장
<ruby>開<rt>かい</rt></ruby><ruby>園<rt>えん</rt></ruby>

개장은 몇 시인가요?
<ruby>開<rt>かい</rt></ruby><ruby>園<rt>えん</rt></ruby>は<ruby>何<rt>なん</rt></ruby><ruby>時<rt>じ</rt></ruby>ですか？

3

연간 패스
<ruby>年<rt>ねん</rt></ruby><ruby>間<rt>かん</rt></ruby>パス

연간 패스 갖고 있어.
<ruby>年<rt>ねん</rt></ruby><ruby>間<rt>かん</rt></ruby>パス<ruby>持<rt>も</rt></ruby>ってるよ。

4

놀이기구
アトラクション

놀이기구 뭐가 좋아?
アトラクション<ruby>何<rt>なに</rt></ruby><ruby>好<rt>す</rt></ruby>き？

5

대기 시간
<ruby>待<rt>ま</rt></ruby>ち<ruby>時<rt>じ</rt></ruby><ruby>間<rt>かん</rt></ruby>

대기 시간은 30분입니다.
<ruby>待<rt>ま</rt></ruby>ち<ruby>時<rt>じ</rt></ruby><ruby>間<rt>かん</rt></ruby>は３０<ruby>分<rt>ふん</rt></ruby>です。

6

롤러코스터
ジェットコースター

롤러코스터가 좋아.
ジェットコースターが<ruby>好<rt>す</rt></ruby>き。

7
유령의 집

おばけやしき

유령의 집은 무서워.

おばけやしきは怖い。

8
회전목마

メリーゴーランド

회전목마, 탈래?

メリーゴーランド、乗る？

9
공중 그네

空中ぶらんこ
<small>くう ちゅう</small>

공중 그네에 줄 서있어.

空中ぶらんこに並んでる。

10
관람차

観覧車
<small>かん らん しゃ</small>

커다란 관람차네.

大きい観覧車だね。

11
퍼레이드

パレード

퍼레이드를 구경했어요.

パレードを見ました。

12
불꽃놀이

花火
<small>はな び</small>

불꽃놀이, 예쁘네.

花火、きれいだね。

13
인형 탈

着ぐるみ
<small>き</small>

인형 탈이랑 사진 찍을래!

着ぐるみと写真撮る！

14
미아

迷子
<small>まい ご</small>

미아를 보호하고 있습니다.

迷子を保護しています。

15
폐장

閉園
<small>へい えん</small>

폐장할 때까지 놀자.

閉園まで遊ぼうよ。

💬 **초간단 회화**

A: 何から乗りたい？

B: そうだね～。アトラクション何が好き？

A: 私はジェットコースターが好き！

B: じゃ、それから！

A: 뭐부터 타고 싶어?

B: 그러게~. 놀이기구 뭐가 좋아?

A: 나는 롤러코스터가 좋아!

B: 그럼, 그것부터!

※ <주제별 단어 퀴즈 PDF>로 단어를 복습해 보세요.

레스토랑

1

레스토랑
レストラン

레스토랑에서 데이트했어.
レストランでデートした。

2

패밀리 레스토랑
ファミレス

패밀리 레스토랑 안 갈래?
ファミレス行かない？

3

유명한 가게
有名店
ゆう めい てん

오므라이스로 **유명한 가게**예요.
オムライスの**有名店**です。

4

점원
店員
てん いん

점원을 불렀어요.
店員を呼びました。

5

예약
予約
よ やく

예약하고 싶은데요.
予約をしたいんですが。

6

주문
注文
ちゅう もん

주문은 무엇으로 하시겠어요?
ご**注文**は何にしますか？

7

계산
かい けい
会計

계산을 부탁합니다.
かいけい　　　ねが
会計をお願いします。

8

오늘의 메뉴
ひがわりメニュー

오늘의 메뉴로 할래.
ひがわりメニューにする。

9

간판 메뉴
かん ばん
看板メニュー

이 가게 간판 메뉴예요.
とうてん　　　かんばん
当店の看板メニューです。

10

셰프 특선 메뉴
おまかせ

셰프 특선 메뉴 코스로 부탁해요.
　　　　　　　　ねが
おまかせコースでお願いします。

11

고집이 있다
こだわる

식재료에 고집이 있다.
しょくざい
食材にこだわる。

12

평판
ひょう ばん
評判

꽤 평판이 좋아.
　　　　　　ひょうばん
けっこう評判がいいんだ。

13

물수건
おしぼり

물수건으로 손 닦아.
　　　　　　て ふ
おしぼりで手拭いて。

14

단골손님
じょうれん
常連

단골손님이 될 것 같아.
じょうれん
常連になりそうだよ。

15

정기 휴일
てい きゅう び
定休日

목요일은 정기 휴일입니다.
もくようび　　　ていきゅうび
木曜日は定休日です。

💬 초간단 회화

A: ここ、けっこう評判がいいんだ。
ひょうばん

B: へえ、楽しみ。何頼む？
たの　　なにたの

A: 僕はハンバーグ。りかは？
ぼく

B: 私はひがわりメニューにする。
わたし

A: 여기, 꽤 평판이 좋아.

B: 와, 기대된다. 뭐 시킬 거야?

A: 나는 햄버그스테이크, 리카는?

B: 나는 오늘의 메뉴로 할래.

※ <주제별 단어 퀴즈 PDF>로 단어를 복습해 보세요.

양식 / 일식

🎧 MP3 바로 듣기

1

양식
ようしょく
洋食

추천하는 **양식** 레스토랑이에요.
ようしょくや
おすすめの**洋食屋**です。

2

셰프
シェフ

유명한 **셰프**가 하는 집이야.
ゆうめい   みせ
有名なシェフの店だよ。

3

전채 요리
ぜん さい
前菜

전채 요리가 나왔어요.
ぜんさい   で
前菜が出てきました。

4

디저트
デザート

디저트는 정했어?
             き
デザートは決めた？

5

콜키지
ばっ せん りょう
抜栓料
└ 손님이 가져온 주류를 개봉해 주고
   받는 요금

콜키지는 1,000엔입니다.
ばっせんりょう   せん えん
抜栓料は1,000円です。

6

일품
ぜっ ぴん
絶品

튀김이 **일품**이에요.
てん   ぜっぴん
天ぷらが絶品です。

7

일식
和食
わしょく

일식 좋아하나요?
和食は好きですか？
わしょく　す

8

일식 요리사
板前
いた まえ

일류 **일식 요리사**가 있어요.
一流の板前がいます。
いちりゅう　いたまえ

9

정식
定食
てい しょく

정식을 주문했어요.
定食を注文しました。
ていしょく　ちゅうもん

10

단품
単品
たん ぴん

단품도 있나요?
単品もありますか？
たんぴん

11

초밥 생선살
ネタ

좋아하는 **초밥 생선살**은 도미예요.
好きなネタはたいです。
す

12

모둠
盛り合わせ
も　　あ

모둠 회입니다.
刺し身の盛り合わせです。
さ み　も　あ

13

리필
おかわり

밥 **리필** 주세요!
ご飯おかわりください！
はん

14

곱빼기
大盛り
おお も

소금 라멘 **곱빼기**로!
塩ラーメン大盛りで！
しお　　　　おおも

15

배달
出前
で まえ

저녁밥은 **배달**시킬까?
夕飯は出前を取ろうか？
ゆうはん　でまえ　と

💬 초간단 회화

A: **和食は好きですか？**
わしょく　す

B: **もちろんです。**

A: **何が一番好きですか？**
なに　　いちばん す

B: **すしです。好きなネタはたいです。**
す

A: 일식 좋아하나요?

B: 물론이죠.

A: 뭐가 제일 좋아요?

B: 초밥이요. 좋아하는 초밥 생선살은 도미예요.

※ <주제별 단어 퀴즈 PDF>로 단어를 복습해 보세요.

카페

🎧 MP3 바로 듣기

COFFEE SHOP

1

카페
カフェ

카페에서 얘기하자.
カフェで話そう。

2

찻집
<ruby>喫茶店<rt>きっさてん</rt></ruby>

복고풍 찻집이네.
レトロな喫茶店だね。

3

핫
ホット

카푸치노, 핫으로.
カプチーノ、ホットで。

4

스몰
スモール

스몰로 부탁해요.
スモールでお願いします。

5

얼음
<ruby>氷<rt>こおり</rt></ruby>

얼음은 적게.
氷は少なめで。

6

샷
ショット

샷 추가해 주세요.
ショット追加してください。

7

빨대
ストロー

빨대 주세요.
ストローください。

8

머그컵
マグカップ

귀여운 **머그컵**
かわいい**マグカップ**

9

냅킨
紙ナプキン

냅킨 가져 왔어.
紙ナプキン持ってきた。

10

고소하다
香ばしい

고소한 냄새가 나.
香ばしい匂いがする。

11

각설탕
角砂糖

각설탕 몇 개 넣을래?
角砂糖は何個入れる？

12

프림
ミルク

프림은 필요 없어요.
ミルクはいりません。

13

가게 안
店内

가게 안에서 드시나요?
店内で召し上がりますか？

14

테이크아웃
お持ち帰り

아뇨, 테이크아웃으로요.
いいえ、**お持ち帰り**で。

15

반납구
返却口

반납구에 놓아 주세요.
返却口に戻してください。

💬 초간단 회화

A: ご注文は何にしますか？

B: カプチーノ、ホットでお願いします。

A: 店内で召し上がりますか？

B: いいえ、お持ち帰りで。

A: 주문은 무엇으로 하시겠어요?

B: 카푸치노, 핫으로 부탁드려요.

A: 가게 안에서 드시나요?

B: 아뇨, 테이크아웃으로요.

※ <주제별 단어 퀴즈 PDF>로 단어를 복습해 보세요.

빵집

🎧 MP3 바로 듣기

1

빵집

パン屋^や

빵집 들렀다 안 갈래?
パン屋^や寄^よって行^いかない？

2

빵지순례

パン屋巡^{やめぐ}り

취미는 빵지순례야.
趣味^{しゅみ}はパン屋巡^{やめぐ}り。

3

제빵사

パン職人^{しょくにん}

일본 제일의 제빵사예요.
日本一^{にほんいち}のパン職人^{しょくにん}です。

4

집게

トング

쟁반이랑 집게 가져 와.
トレイとトング持^もってきて。

5

식빵

食^{しょく}パン

식빵을 구웠어요.
食^{しょく}パンを焼^やきました。

6

바게트

フランスパン

바게트 사고 싶어.
フランスパンが買^かいたい。

7

케이크

ケーキ

케이크 예약 되나요?
ケーキの<ruby>予約<rt>よやく</rt></ruby>できますか？

8

잼

ジャム

잼, 발라 줄래?
ジャム、ぬってくれる？

9

머랭

メレンゲ

머랭이 들어 있어요.
メレンゲが<ruby>入<rt>はい</rt></ruby>ってます。

10

수제

<ruby>手作<rt>て づく</rt></ruby>り

수제 쿠키예요.
<ruby>手作<rt>て づく</rt></ruby>りクッキーです。

11

시식

<ruby>試食<rt>し しょく</rt></ruby>

시식 어떠신가요?
<ruby>試食<rt>し しょく</rt></ruby>はいかがですか？

12

바삭바삭

サクサク

바삭바삭한 파이네.
サクサクしたパイだね。

13

쫀득쫀득

もちもち

쫀득쫀득해서 맛있다!
もちもちしていておいしい！

14

촉촉

しっとり

촉촉한 팬케이크
しっとりしたパンケーキ

15

폭신폭신

ふわふわ

폭신폭신한 빵이 좋아.
ふわふわした<ruby>パン<rt>す</rt></ruby>が<ruby>好<rt>す</rt></ruby>き。

💬 초간단 회화

A: <ruby>試食<rt>し しょく</rt></ruby>はいかがですか？
B: ありがとうございます。
A: <ruby>新作<rt>しんさく</rt></ruby>のチーズパンです。
B: わあ〜、もちもちしていておいしい！

A: 시식 어떠신가요?
B: 감사합니다.
A: 새로 나온 치즈빵이에요.
B: 와~, 쫀득쫀득해서 맛있다!

※ <주제별 단어 퀴즈 PDF>로 단어를 복습해 보세요.

바 / 이자카야

🎧 MP3 바로 듣기

1

바
バー

자주 가는 **바**예요.
よく行くバーです。

2

술
お酒
さけ

술, 괜찮아?
お酒、大丈夫？
さけ　だいじょうぶ

3

칵테일
カクテル

칵테일 마시고 싶다~.
カクテル飲みたいな〜。
の

4

위스키
ウイスキー

위스키는 못 마셔.
ウイスキーは飲めない。
の

5

미즈와리
水割り
みず わ

↳ 도수 높은 술에 물을 탄 것

브랜디 **미즈와리**입니다.
ブランデーの水割りです。
みずわ

6

건배
乾杯
かん ぱい

멋진 만남에 **건배**!
素敵な出会いに乾杯！
すてき　であ　　かんぱい

7

이자카야, 선술집
いざかや
居酒屋

가성비 좋은 **이자카야**
いざかや
コスパのいい**居酒屋**

8

기본 안주
とお
お通し

기본 안주 나왔어.
とお き
お通し来たよ。

9

안주
おつまみ

안주는 달걀말이로.
たまご や
おつまみは卵焼きで。

10

맥주
ビール

일단 맥주!
とりあえずビール！

11

일본 술
に ほん しゅ
日本酒

이 **일본 술**, 향이 좋네.
にほんしゅ かお
この**日本酒**、香りがいい。

12

무알콜
ノンアルコール

무알콜도 있어.
ノンアルコールもあるよ。

13

(술, 음료) 무한 리필
の ほう だい
飲み放題

2시간 **무한 리필**이 되는 가게예요.
に じかんの ほうだい みせ
２時間**飲み放題**の店です。

14

만취하다
よ ぱら
酔っ払う

너무 마시면 **만취해**.
の よ ぱら
あんまり飲むと**酔っ払う**よ。

15

숙취
ふつ か よ
二日酔い

숙취 때문에 힘들어….
ふつかよ
二日酔いでしんどい…。

💬 **초간단 회화**

ほんとう さけ だいじょう ぶ
A: 本当にお酒、大丈夫？

B: うん、ちょっとだけなら。

む り
A: ノンアルコールもあるよ。無理しないで。

B: ありがとう。

A: 진짜 술, 괜찮아?

B: 응, 조금만이라면.

A: 무알콜도 있어, 무리하지 마.

B: 고마워.

※ <주제별 단어 퀴즈 PDF>로 단어를 복습해 보세요.

Part 3

소셜 라이프

학교생활

🎧 MP3 바로 듣기

1

학교
がっこう
学校

학교 다녀오겠습니다.
がっこう い
学校行ってきます。

2

교복
せい ふく
制服

어서 교복으로 갈아입어.
はや せいふく き が
早く制服に着替えて。

3

학생
がく せい
学生

이 대학 학생인가요?
だいがく がくせい
この大学の学生ですか？

4

선생님
せん せい
先生

담임 선생님이에요.
たんにん せんせい
担任の先生です。

5

~학년
ねん せい
～年生

1학년인가요?
いちねんせい
１年生ですか？

6

반
くみ
組

3학년 5반이에요.
さんねん ご くみ
３年５組です。

7

자리
せき
席

자리에 앉아 주세요.
せき つ
席に着いてください。

8

(수업) 시간표
じ かん わり
時間割

시간표 확인해 볼게.
じ かんわりかくにん
時間割確認してみる。

9

~교시
じ かん め
〜時間目

1교시는 국어야.
いち じ かん め こく ご
1時間目は国語だよ。

10

수업
じゅ ぎょう
授業

수업 시작한다~.
じゅぎょうはじ
授業始まるよ〜。

11

출석
しゅっ せき
出席

출석을 부르겠습니다.
しゅっせき と
出席を取ります。

12

교과서
きょう か しょ
教科書

교과서, 깜빡했다.
きょうか しょ わす
教科書、忘れた。

13

숙제
しゅく だい
宿題

숙제 했어?
しゅくだい
宿題やった？

14

선배
せん ぱい
先輩

저 선배 멋있어.
せんぱい
あの先輩はかっこいい。

15

후배
こう はい
後輩

친한 후배예요.
なか よ こうはい
仲良しの後輩です。

🗨 초간단 회화

いま なん じゅぎょう
A: 今から何の授業？
いち じ かん め こく ご
B: 1時間目は国語だよ。
こく ご きょう か しょ わす
A: あ、やばい。国語の教科書、忘れた。
わたし いっしょ み
B: 私の一緒に見る？

A: 지금부터 무슨 수업이지?

B: 1교시는 국어야.

A: 이, 망했디. 곡이 꾜끠시, 낌쀡했디.

B: 내꺼 같이 볼래?

※ <주제별 단어 퀴즈 PDF>로 단어를 복습해 보세요.

Chapter 15

해커스 하루 딱! 10분 일본어 일상 단어

문방구

🎧 MP3 바로 듣기

1

필기 도구
ひっ き よう ぐ
筆記用具

필기 도구는 갖고 왔어?
ひっきようぐ　も
筆記用具は持ってきた？

2

필통
ふで ばこ
筆箱

필통에 들어 있어.
ふでばこ　はい
筆箱に入ってるよ。

3

펜
ペン

펜 빌려 줄래?
　　　　か
ペン貸してくれる？

4

샤프
シャーペン

샤프 잃어버렸어.
シャーペンなくした。

5

연필
えん ぴつ
鉛筆

연필심 부러져 버렸어.
えんぴつ　しん お
鉛筆の芯折れちゃった。

6

지우개
　　 け
消しゴム

잘 지워지는 **지우개**
　　き　　 け
よく**消える消しゴム**

7

가위
はさみ

가위로 잘라.
はさみで切<ruby>き</ruby>って。

8

커터칼
カッター

커터칼은 위험해.
カッターは危<ruby>あぶ</ruby>ないよ。

9

풀
のり

풀로 붙여.
のりで貼<ruby>は</ruby>ってね。

10

자
じょう ぎ
定規

자로 길이를 재요.
定<ruby>じょうぎ</ruby>規で長<ruby>なが</ruby>さを測<ruby>はか</ruby>ります。

11

종이
かみ
紙

종이에 적어 주세요.
紙<ruby>かみ</ruby>に書<ruby>か</ruby>いてください。

12

공책
ノート

공책에 정리했어요.
ノートにまとめました。

13

수첩
て ちょう
手帳

수첩에 써 놨어.
手<ruby>てちょう</ruby>帳に書<ruby>か</ruby>いておいたよ。

14

접착식 메모지
ふせん

접착식 메모지를 붙였어요.
ふせんを貼<ruby>は</ruby>りました。

15

애용
あい よう
愛用

애용하는 만년필이야.
愛<ruby>あいよう</ruby>用してる万年筆<ruby>まんねんひつ</ruby>だよ。

💬 초간단 회화

A: あっ、鉛筆<ruby>えんぴつ</ruby>の芯<ruby>しん</ruby>折<ruby>お</ruby>れちゃった。

B: ペンとかないの？

A: ない…。ごめん、ペン貸<ruby>か</ruby>してくれる？

B: いいよ。はい。

A: 앗, 연필심 부러져 버렸어.

B: 펜이라든가 없어?

A: 없이…. 미안, 펜 빌려 줄래?

B: 그래. 여기.

※ <주제별 단어 퀴즈 PDF>로 단어를 복습해 보세요.

시험 / 수험

MP3 바로 듣기

1

시험
しけん
試験

시험을 쳤어요.
しけん　う
試験を受けました。

2

수험
じゅけん
受験

수험에 실패하고 싶지 않아.
じゅけん　しっぱい
受験で失敗したくない。

3

문제
もん だい
問題

문제 너무 어려워….
もんだいむずか
問題難しすぎ…。

4

답
こた
答え

답을 써 주세요.
こた　か
答えを書いてください。

5

정답
せい かい
正解

어느 게 정답이지?
せいかい
どれが正解だろう？

6

채점
まる つ
丸付け

채점을 합시다.
まる つ
丸付けをしましょう。

7

중간고사
ちゅうかん
中間テスト

다음 주는 **중간고사**예요.
らいしゅう ちゅうかん
来週は中間テストです。

8

추가 시험
つい し
追試

추가 시험 치고 싶지 않았어….
つい し う
追試受けたくなかった…。

9

공부
べんきょう
勉強

공부, 열심히 하네.
べんきょう がんば
勉強、頑張ってるね。

10

과목
か もく
科目

하루에 3**과목** 쳐요.
いちにち さん か もくう
一日に3科目受けます。

11

학원
じゅく
塾

학원에 다니고 있어요.
じゅく かよ
塾に通ってますよ。

12

벼락치기
いち や づ
一夜漬け

벼락치기로 외웠어.
いち や づ おぼ
一夜漬けで覚えたよ。

13

성적
せい せき
成績

성적을 올리고 싶어요.
せいせき あ
成績を上げたいです。

14

합격
ごう かく
合格

꼭 **합격**할 거야.
ぜったいごうかく
絶対合格できるよ。

15

재수하다
ろう にん
浪人する

재수하게 될 줄이야.
ろうにん
浪人することになるとは。

💬 초간단 회화

A: べんきょう がんば
勉強、頑張ってるね。

B: だいがく じゅけん しっぱい
大学の受験で失敗したくないから。

A: しんぱい ぜったいごうかく
心配しないで。絶対合格できるよ。

B: **ありがとう。**

A: 공부, 열심히 하네.

B: 대학 수험에 실패하고 싶지 않으니까.

A: 걱정하지 마. 꼭 입격힐 거야.

B: 고마워.

※ <주제별 단어 퀴즈 PDF>로 단어를 복습해 보세요.

학교행사

🎧 MP3 바로 듣기

1

입학
にゅうがく
入学

고등학교에 **입학**했어요.
こうこう　　にゅうがく
高校に入学しました。

2

졸업
そつぎょう
卒業

졸업 축하해!
そつぎょう
卒業おめでとう！

3

학기
がっき
学期

2학기가 시작되네.
にがっき　　はじ
２学期が始まるね。

4

여름 방학
なつ やす
夏休み

여름 방학 더 길게 해 줘~.
なつやす　　　　なが
夏休みもっと長くして～。

5

운동회
たい いく さい
体育祭

운동회, 기대되네!
たいいくさい　　たの
体育祭、楽しみだな！

6

학교 축제
ぶん か さい
文化祭

학교 축제 준비를 하고 있어.
ぶんかさい　　じゅんび
文化祭の準備をしてる。

7

소풍
えん そく
遠足

반끼리 **소풍**을 갔어.
えんそく　い
クラスで**遠足**に行った。

8

수학여행
しゅう がく りょ こう
修学旅行

수학여행 장소는 교토예요.
しゅうがくりょこうさき　　きょうと
修学旅行先は京都です。

9

견학
けん がく
見学

박물관을 **견학**했어요.
はくぶつかん　けんがく
博物館を**見学**しました。

10

조례
ちょう れい
朝礼

조례 시작합니다.
ちょうれい　　はじ
朝礼を始めます。

11

동아리 활동
ぶ　かつ
部活

동아리 활동은 매일 있어.
ぶ かつ　まいにち
部活は毎日ある。

12

교류회
こう りゅう かい
交流会

유학생과의 **교류회**예요.
りゅうがくせい　　　こうりゅうかい
留 学生との**交 流 会**です。

13

백일장
さく ぶん
作文コンテスト

백일장에 나가요.
さくぶん　　　　　　　で
作文コンテストに出ます。

14

합창 대회
がっしょう
合唱コンクール

내일은 **합창 대회**예요.
あした　　がっしょう
明日は**合 唱 コンクール**です。

15

동창회
どう そう かい
同窓会

동창회 하자.
どうそうかい
同窓会やろうよ。

💬 **초간단 회화**

あした　　　に がっ き　　はじ
A: 明日から２学期が始まるね。

なつやす　　　　　　なが
B: ああ、夏休みもっと長くして〜。

あき　たいいくさい　たの
A: でも秋の体育祭、楽しみだな！

B: あ、それはそうだね！

A: 내일부터 2학기가 시작되네.

B: 아아, 여름 방학 더 길게 해 줘~.

A: 아시반 가블 분농회, 기내뇌네!

B: 아, 그건 그렇네!

※ <주제별 단어 퀴즈 PDF>로 단어를 복습해 보세요.

학교시설

🎧 MP3 바로 듣기

1

교실
きょう しつ
教室

내 교실은 3층에 있어.
わたし　きょうしつ　さんがい
私の教室は 3階だよ。

2

복도
ろう か
廊下

복도에서 뛰지 마.
ろう か　　はし
廊下を走るな。

3

게시판
けい じ ばん
掲示板

게시판에 붙어 있었어.
けい じ ばん　　は
掲示板に貼られてた。

4

과학실
り か しつ
理科室

과학실로 이동하세요.
り か しつ　い どう
理科室に移動するように。

5

음악실
おん がく しつ
音楽室

음악실에서 피아노 치고 있어.
おんがくしつ　　　　　　ひ
音楽室でピアノ弾いてる。

6

보건실
ほ けん しつ
保健室

보건실에서 쉬고 있어.
ほ けんしつ　やす
保健室で休んでるよ。

7

교무실
しょくいん しつ
職員室

교무실로 오래.
しょくいんしつ　　き
職員室に来なさいって。

8

동아리실
ぶ しつ
部室

동아리실에서 회의하고 있어요.
ぶ しつ　　かいぎ
部室で会議してます。

9

급식실
きゅうしょく しつ
給食室

급식실 엄청 붐비네.
きゅうしょくしつ　　　　こ
給食室すごく混んでる。

10

매점
ばい てん
売店

매점에서 빵 사왔어!
ばいてん　　　　か
売店でパン買ってきた！

11

도서관
と しょ かん
図書館

도서관에서는 조용히.
と しょかん　　　しず
図書館では静かに。

12

강당
こう どう
講堂

강당에 모이세요.
こうどう　　あつ
講堂に集まりなさい。

13

운동장
うん どう じょう
運動場

운동장에서 놀고 있어.
うんどうじょう　　あそ
運動場で遊んでる。

14

기숙사
りょう
寮

기숙사에 살고 있어요.
りょう　　す
寮に住んでます。

15

출입
で い
出入り

외부인은 출입 금지예요.
ぶ がいしゃ　　で い　　きんし
部外者は出入り禁止です。

💬 **초간단 회화**

すず き
A: **鈴木さん、いる？**
ほ けんしつ　　やす　　　　　なん
B: **保健室で休んでるよ。何で？**
せんせい　しょくいんしつ　　き
A: **先生が職員室に来なさいって。**
わたし　　つた
B: **じゃ、私が伝えておく。**

A: 스즈키, 있어?
B: 보건실에서 쉬고 있어. 왜?
A. 신생님이 교무실로 오래.
B: 그럼, 내가 전해 둘게.

※ <주제별 단어 퀴즈 PDF>로 단어를 복습해 보세요.

대학

🎧 MP3 바로 듣기

1

대학
だい がく
大学

대학에 들어갔어요.
だいがく　　はい
大学に入りました。

2

학부
がく ぶ
学部

인문**학부** 3학년이에요.
じんぶんがく ぶ　　さんねんせい
人文**学部**の３年生です。

3

전공
せん こう
専攻

심리학을 **전공**하고 있어요.
しん りがく　　せんこう
心理学を**専攻**してます。

4

학점
たん い
単位

18**학점**을 땄어요.
じゅうはちたんい　　と
１８**単位**を取りました。

5

꿀강
らく たん
楽単
↳ 학점 따기 쉬운 수업

저 수업, 꿀강이래.
じゅぎょう　　らくたん
あの授業、**楽単**だって。

6

공강
あ
空きコマ

과제는 **공강**에 할 거야.
か だい　あ
課題は**空きコマ**にする。

7

리포트

レポート

리포트 써야 해.

レポート書かなきゃ。

8

실습

実習
じっしゅう

교육 **실습**은 필수예요.

教育実習は必須です。
きょういくじっしゅう　ひっす

9

교수

教授
きょうじゅ

하야시 **교수**가 지도해요.

林教授が指導します。
はやしきょうじゅ　しどう

10

세미나 수업

ゼミ

↳ 교수와 연구 활동을 하는 수업

세미나 수업에 참가하고 있어요.

ゼミに入ってます。
はい

11

졸업 논문

卒論
そつ ろん

졸업 논문 때문에 고생하고 있어.

卒論で苦労してるよ。
そつろん　くろう

12

유급

留年
りゅう ねん

유급해 버렸어.

留年してしまったよ。
りゅうねん

13

유학

留学
りゅう がく

유학을 생각하고 있어요.

留学を考えてます。
りゅうがく　かんが

14

신입생 환영회

新歓
しん かん

신입생 환영회, 즐거웠지.

新歓、楽しかったね。
しんかん　たの

15

교내 식당

学食
がく しょく

교내 식당에서 먹자.

学食で食べよう。
がくしょく　た

💬 **초간단 회화**

A: 先輩、最近どうですか。
せんぱい　さいきん

B: 卒論で苦労してるよ。村田は？
そつろん　くろう　　むらた

A: 日本文化を研究するゼミに入ってます。
に ほんぶんか　か　　けんきゅう　　　　はい

B: へえ、楽しそう。
たの

A: 선배, 요즘 어떠세요?

B: 졸업 논문 때문에 고생하고 있어. 무라타는?

A: 일본 문화를 연구하는 세미나 수업에 힘기이고 있이요.

B: 와, 재밌겠다.

※ <주제별 단어 퀴즈 PDF>로 단어를 복습해 보세요.

책

🎧 MP3 바로 듣기

1

책
ほん
本

책을 빌렸어요.
ほん か
本を借りました。

2

독서
どくしょ
読書

매일 독서하고 있어요.
まいにちどくしょ
毎日**読書**してます。

3

작가
さっか
作家

작가의 사인본이에요.
さっか い ほん
作家のサイン入りの本です。

4

문학
ぶんがく
文学

문학을 정말 좋아해요.
ぶんがく だいす
文学が大好きです。

5

시
し
詩

이 시, 애절하네.
し せつ
この**詩**、切ないね。

6

소설
しょうせつ
小説

요즘 화제인 소설이지?
いま わ だい しょうせつ
今話題の**小説**だよね？

7

그림책
え ほん
絵本

그림책을 읽어 줬어.
え ほん よ
絵本を読んであげた。

8

이야기
もの がたり
物語

아름다운 **이야기**였어요.
うつく ものがたり
美しい**物語**でした。

9

원작
げん さく
原作

원작도 읽고 싶어요.
げんさく よ
原作も読みたいです。

10

목차
もく じ
目次

목차부터 봐 보자.
もくじ み
目次から見てみよう。

11

책갈피
しおり

책갈피를 꽂아 놨어.
しおりをはさんだ。

12

문고본
ぶん こ ぼん
文庫本
↳ 휴대하기 쉽게 만든 작은 책

문고본은 가벼워서 좋아.
ぶんこ ぼん かる
文庫本は軽くていい。

13

대출
かし だし
貸出

10권까지 **대출** 가능합니다.
じゅっさつ かしだし
10冊まで**貸出**できます。

14

서서 읽음
た よ
立ち読み

서점에서 **서서 읽**고 있어.
ほん や た よ
本屋で**立ち読み**してる。

15

감상
かん そう
感想

읽으면 **감상** 들려 줘.
よ かんそう き
読んだら**感想**を聞かせて。

💬 초간단 회화

A: それ、今話題の小説だよね？
いま わ だい しょうせつ

B: うん。面白かったよ。
おもしろ

A: へえ、私にも貸して。
わたし か

B: いいよ。読んだら感想を聞かせて。
よ かんそう き

A: 그거, 요즘 화제인 소설이지?

B: 응, 재미있었어.

A: 와, 나한테도 빌려 줘.

B: 좋아. 읽으면 감상 들려 줘.

※ <주제별 단어 퀴즈 PDF>로 단어를 복습해 보세요.

자기계발

🎧 MP3 바로 듣기

1

의욕

やる気

- - -

의욕이 나네요.

やる気が出ますね。

2

동기 부여

モチベ

- - -

동기 부여가 되었어.

モチベが上がったんだ。

3

목표

目標

- - -

목표를 정했어요.

目標を決めました。

4

능력

スキル

- - -

능력을 기르고 싶어.

スキルアップしたい。

5

노력

努力

- - -

노력은 배신하지 않는대.

努力は裏切らないって。

6

배우다

習う

- - -

독일어를 배운다.

ドイツ語を習う。

7
열심이다
ねっしん
熱心だ

영어 회화에 **열심**이네.
えいかい わ　　ねっしん
英会話に熱心だね。

8
성취감
たっ せい かん
達成感

성취감을 느껴요.
たっせいかん　かん
達成感を感じました。

9
강좌
こう ざ
講座

일러스트 드로잉 **강좌**를 듣고 있어.
え か こう ざ　う
お絵描き**講座**を受けてる。

10
인강
こう ざ
ネット講座

인강으로 배우고 있어.
こう ざ　まな
ネット講座で学んでる。

11
강연회
こう えん かい
講演会

강연회에 참가하고 싶어.
こうえんかい　さん か
講演会に参加したい。

12
스터디, 공부 모임
べん きょう かい
勉強会

주 3회 **스터디**를 가져요.
しゅう　さんかいべんきょうかい
週に3回勉強会します。

13
자격증, 자격
し かく
資格

자격증을 갖고 있어요.
し かく　も
資格を持っています。

14
자기 관리
じ ぶん みが
自分磨き

자기 관리에 힘쓰자.
じ ぶんみが　がん ば
自分磨きを頑張ろう。

15
자존감
じ こ こう てい かん
自己肯定感

자존감을 높이고 싶어.
じ ここうていかん　たか
自己肯定感を高めたい。

💬 **초간단 회화**

A: さいきん、えいかい わ ねっしん
最近、英会話に熱心だね。

B: うん、アメリカ旅行でモチベが上がったんだ。
りょこう　　　　　　　　　　あ

A: へえ、そうなんだ。頑張って！
がん ば

B: ありがとう。

A: 요즘, 영어 회화에 열심이네.

B: 응, 미국 여행으로 동기 부여가
되었어.

A: 우 그렇구나 힘내!

B: 고마워.

※ <주제별 단어 퀴즈 PDF>로 단어를 복습해 보세요.

직업

🎧 MP3 바로 듣기

1

직업
しょくぎょう
職業

학생에게 인기인 **직업**
がくせい　にんき　しょくぎょう
学生に人気の職業

2

일, 업무
し　ごと
仕事

무슨 **일**을 하고 있나요?
なん　し　ごと
何の仕事をしてますか？

3

일하다
はたら
働く

비서로 **일할** 생각이야.
ひ　しょ　　　はたら
秘書として働くつもり。

4

근무하다
つと
勤める

어머니가 **근무하**는 병원이에요.
はは　つと　　　　びょういん
母が勤める病院です。

5

직장
しょく　ば
職場

직장이 집에서 멀어.
しょく　ば　　いえ　　　とお
職場は家から遠い。

6

직장인
サラリーマン

형은 **직장인**이에요.
あに
兄はサラリーマンです。

7

파견직
は けん
派遣

파견직으로 일하고 있어.
は けん　　はたら
派遣で**働**いてる。

8

프리랜서
フリーランス

프리랜서로 활동하고 있어요.
　　　　　　　かつどう
フリーランスで活動してます。

9

아르바이트
バイト

카페에서 **아르바이트**하고 있어요.
カフェで**バイト**してます。

10

프리터
フリーター
↳ 아르바이트로 생활하는 사람

현재, **프리터**입니다.
げんざい
現在、**フリーター**です。

11

공무원
こう む いん
公務員

공무원이 적성에 맞는 것 같아.
こうむいん　　む
公務員に向いてるみたい。

12

업계
ぎょうかい
業界

IT **업계**에서 일하고 있어요.
　　ぎょうかい　　はたら
IT**業界**で**働**いてます。

13

분야
ぶん や
分野

바이오 **분야**의 연구원이에요.
　　　　ぶんや　けんきゅういん
バイオ**分野**の研究員です。

14

커리어, 경력
キャリア

커리어를 쌓고 있어요.
　　　　　　つ
キャリアを積んでいます。

15

장래
しょうらい
将来

장래에는, 의사가 되고 싶어.
しょうらい　いしゃ
将来、医者になりたい。

💬 **초간단 회화**

A: なん　しごと
何の仕事をしてますか？
B: ぎょうかい　　はたら
IT業界で働いてます。
A: わたし　　　　　かいしゃ き
私もです！会社聞いてもいいですか？
B: あ、フリーランスで活動してます。

A: 무슨 일을 하고 있나요?
B: IT 업계에서 일하고 있어요.
A: 저도예요! 회사 여쭤봐도 되나요?
B: 아, 프리랜서로 활동하고 있어요.

※ <주제별 단어 퀴즈 PDF>로 단어를 복습해 보세요.

취직 / 퇴직

MP3 바로 듣기

1

구직 활동
しゅうかつ
就活

지금은 **구직 활동** 중이에요.
いま　しゅうかつちゅう
今は 就活中 です。

2

이력서
り れき しょ
履歴書

어디에 **이력서** 냈어?
りれきしょ だ
どこに 履歴書 出した？

3

서류 전형
しょ るい せん こう
書類選考

서류 전형에서 떨어졌어.
しょるいせんこう　お
書類選考で落ちた。

4

면접
めん せつ
面接

면접에 붙었어!
めんせつ　う
面接に受かった！

5

내정
ない てい
内定
 채용이 결정된 상태

내정 받았어.
ないてい
内定をもらったの。

6

입사
にゅう しゃ
入社

입사 3년차예요.
にゅうしゃさんねん め
入社３年目です。

7

채용
採用
さい よう

여기서 **채용** 정보를 볼 수 있어.
ここで**採用**情報が見れる。
さいようじょうほう　み

8

취직
就職
しゅうしょく

취직 축하해!
就職おめでとう！
しゅうしょく

9

이직
転職
てん しょく

이직을 생각하고 있어요.
転職を考えてます。
てんしょく　かんが

10

퇴직
退職
たい しょく

퇴직하기로 결정했어.
退職するって決めたの。
たいしょく　　　き

11

정년
定年
てい ねん

아버지는 곧 **정년**이에요.
父はもうすぐ**定年**です。
ちち　　　　　　ていねん

12

그만두다
辞める
や

일 **그만두**는 거야?
仕事辞めるの？
しごとや

13

사표
退職届
たいしょくとどけ

사표 냈어.
退職届出したよ。
たいしょくとどけ だ

14

대기업
大企業
だい き ぎょう

대기업에 들어가고 싶어요.
大企業に入りたいです。
だいきぎょう　はい

15

악덕 기업
ブラック企業
き ぎょう

악덕 기업은 피하자.
ブラック企業はさけよう。
きぎょう

💬 초간단 회화

A: 嬉しそうだね。何かあった？
うれ　　　　　　なに

B: 実は、内定をもらったの！
じつ　ないてい

A: 本当に！？就職おめでとう！
ほんとう　　　しゅうしょく

B: へへ、ありがとう！

A: 기뻐 보이네. 무슨 일 있었어?

B: 실은, 내정 받았어!

A: 진짜?! 취직 축하해!

B: 헤헤, 고마워!

※ <주제별 단어 퀴즈 PDF>로 단어를 복습해 보세요.

직위

🎧 MP3 바로 듣기

1

직원
しょく いん
職員

본사 **직원**이에요.
ほんしゃ　しょくいん
本社の職員です。

2

신입
しん じん
新人

신입이 들어왔어요.
しんじん　はい
新人が入りました。

3

주임(님)
しゅ にん
主任

주임이 되어서 바빠요.
しゅにん　　　　いそが
主任になって忙しいです。

4

부장(님)
ぶ ちょう
部長

부장님이 불러요.
ぶちょう　よ
部長が呼んでますよ。

5

이사(님)
とりしまりやく
取締役

이사를 맡고 있어요.
とりしまりやく　つと
取締役を務めています。

6

사장(님)
しゃ ちょう
社長

사장님께 보고했어요.
しゃちょう　　ほうこく
社長に報告しました。

7
상사
じょうし
上司

상사한테 들었어요.
じょうし き
上司に聞きました。

8
부하
ぶか
部下

부하가 유능해요.
ぶか ゆうのう
部下が有能です。

9
동기
どうき
同期

동기가 상사가 되다니.
どうき じょうし
同期が上司になるなんて。

10
동료
どうりょう
同僚

동료와 사이가 좋아요.
どうりょう なかよ
同僚と仲良しです。

11
인턴
インターン

인턴에 붙었어!
う
インターンに受かった！

12
임원
やくいん
役員

임원을 맡고 있어요.
やくいん まか
役員を任されてます。

13
취임
しゅうにん
就任

본부장으로 취임했다.
ほんぶちょう しゅうにん
本部長に就任された。

14
승진
しょうしん
昇進

과장으로 승진한대.
かちょう しょうしん
課長に昇進するらしい。

15
연줄, 백
コネ

연줄 같은 거 없어요.
コネなんてありませんよ。

💬 **초간단 회화**

たなか かちょう しょうしん
A: 田中、課長に昇進するらしい。

ほんとう
B: えっ？ 本当？

どうき じょうし
A: うん。同期が上司になるなんて。

いわ
B: そうだね。お祝いしなきゃ。

A: 다나카, 과장으로 승진한대.

B: 뭐? 진짜?

A: 응. 동기가 상사가 되다니.

B: 그렇네. 축하해 줘야겠다.

※ <주제별 단어 퀴즈 PDF>로 단어를 복습해 보세요.

급여 / 휴가

🎧 MP3 바로 듣기

1

월급, 급여
きゅうりょう
給料

월급을 받았어요.
きゅうりょう
給料をもらいました。

2

수입
しゅうにゅう
収入

수입이 늘었어요.
しゅうにゅう ふ
収入が増えました。

3

첫 월급
しょ にん きゅう
初任給

첫 월급은 얼마인가요?
しょにんきゅう
初任給はいくらですか？

4

시급
じ きゅう
時給

시급이 올랐어요.
じきゅう あ
時給が上がりました。

5

연봉
ねん しゅう
年収

연봉 3억이라니 부럽다~.
ねんしゅうさんおく
年収3億なんていいな～。

6

실수령액
て ど
手取り

실수령액은 30만 엔 정도야.
て ど さんじゅうまんえんてい ど
手取りは３０万円程度だ。

7

잔업 수당
ざんぎょうだい
残業代

잔업 수당은 나오지?
ざんぎょうだい で
残業代は出るよね？

8

월급날
きゅうりょう び
給料日

월급날이 기대돼요.
きゅうりょう び たの
給料日が楽しみです。

9

공휴일
しゅくじつ
祝日

공휴일에도 일 가?
しゅくじつ しごと い
祝日も仕事行くの？

10

대체 공휴일
ふり かえ きゅうじつ
振替休日

대체 공휴일인데 뭐 할거야?
ふりかえきゅうじつ なに
振替休日だし何する？

11

유급 휴가
ゆうきゅう
有休

유급 휴가를 냈어.
ゆうきゅう と
有休を取ったよ。

12

대체 휴무
だい きゅう
代休

대체 휴무를 쓸 수 있어
だいきゅう と
代休が取れる。

13

육아 휴직
いく きゅう
育休

동료가 육아 휴직 중이에요.
どうりょう いくきゅうちゅう
同僚が育休中です。

14

인수인계
ひ つ
引き継ぎ

인수인계를 했어.
ひ つ
引き継ぎをした。

15

복귀
ふっ き
復帰

출산 휴가에서 복귀했어요.
さんきゅう ふっき
産休から復帰しました。

💬 초간단 회화

きんよう び ゆうきゅう と
A: **金曜日、有休を取ったよ。**
いそが
B: **忙しいんじゃなかったの？**
だいたい お ひ つ
A: **大体終わったよ。それに、引き継ぎをしたから。**
B: **それならよかったね。**

A: 금요일, 유급 휴가를 냈어.
B: 바쁜 거 아니었어?
A: 거의 끝났어. 그리고, 인수인계를 했으니까
B: 그렇다면 다행이네.

※ <주제별 단어 퀴즈 PDF>로 단어를 복습해 보세요.

근무

 MP3 바로 듣기

1

출근
しゅっ きん
出勤

오늘, 첫 출근이에요.
きょう　　 はつしゅっきん
今日、初出勤です。

2

퇴근
たい きん
退勤

퇴근 시간은 6시예요.
たいきん じ かん　　ろく じ
退勤時間は 6 時です。

3

복사
コピー

복사해 줄래?
コピーしてくれる？

4

팩스
ファックス

팩스, 보냈어?
　　　　　　　 おく
ファックス、送った？

5

거래처
とり ひき さき
取引先

거래처에 다녀오겠습니다.
とりひきさき　 い
取引先に行ってきます。

6

미팅
う　 あ
打ち合わせ

이제부터 **미팅**이야.
　　　　　　う あ
これから打ち合わせだよ。

7

출장
しゅっちょう
出張

오사카로 출장 가요.
おおさか しゅっちょう い
大阪へ出張に行きます。

8

계약
けい やく
契約

계약을 땄어요.
けいやく と
契約を取りました。

9

회의
かい ぎ
会議

회의 안건입니다.
かい ぎ あんけん
会議の案件です。

10

자료
し りょう
資料

자료를 정리해 줄래?
し りょう
資料をまとめてくれる？

11

보고서
ほう こく しょ
報告書

보고서 작성
ほうこくしょ さくせい
報告書の作成

12

마감
し き
締め切り

오늘이 마감인데요….
きょう し き
今日が締め切りですが…。

13

날인
なつ いん
捺印

날인 부탁드립니다.
なつ いん ねが
ご捺印をお願いします。

14

직장 내 갑질
パワハラ

직장 내 갑질은 안 됩니다.
パワハラはいけません。

15

원격 근무
テレワーク

집에서 원격 근무 중.
いえ ちゅう
家でテレワーク中。

💬 **초간단 회화**

かい ぎ し りょう
A: 会議の資料をまとめてくれる？
いま ほうこくしょ さくせいちゅう
B: 今、報告書の作成中ですが…。
ほうこくしょ あした
A: その報告書は明日まででいいから。

B: はい、わかりました。

A: 회의 자료를 정리해 줄래?

B: 지금, 보고서 작성 중인데요….

A: 그 보고서는 내일까지면 되니까.

B: 네, 알겠습니다.

※ <주제별 단어 퀴즈 PDF>로 단어를 복습해 보세요.

고객 서비스

🎧MP3 바로 듣기

1

서비스

サービス

여러 **서비스**가 있습니다.
色んな**サービス**があります。

2

창구

窓口
まど ぐち

창구로 와 주세요.
窓口までお越しください。
まどぐち　　　　　　こ

3

접수처

受付
うけ つけ

접수처는 저쪽입니다.
受付はあちらです。
うけつけ

4

용건

用件
よう けん

어떤 **용건**이신가요?
どんなご**用件**でしょうか？
ようけん

5

수속, 절차

手続き
て つづ

수속은 이것으로 끝입니다.
手続きは以上です。
てつづ　　　いじょう

6

안내

案内
あん ない

바로 **안내**해 드리겠습니다.
早速ご**案内**いたします。
さっそく　あんない

7

상담
そう だん
相談

고객 **상담** 센터
きゃくさまそうだん
お客様相談センター

8

문의
と　あ
問い合わせ

문의는 이쪽에서.
と　あ
問い合わせはこちらから。

9

이용
り よう
利用

자유롭게 **이용**해 주세요.
じゆう　　りよう
ご自由にご利用ください。

10

요청
よう ぼう
要望

요청에 응하겠습니다.
ようぼう　こた
ご要望にお応えします。

11

응대
たい おう
対応

제가 **응대**해 드리겠습니다.
わたし　たいおう
私が対応いたします。

12

정중하다
てい ねい
丁寧だ

설명이 **정중**해.
せつめい　ていねい
説明が丁寧だ。

13

클레임
く じょう
苦情

클레임이 들어왔어요.
くじょう　き
苦情が来ました。

14

담당자
たん とう しゃ
担当者

담당자 연결해 드리겠습니다.
たんとうしゃ
担当者におつなぎします。

15

사과하다
あやま
謝る

손님에게 **사과한다**.
きゃく　　あやま
お客さんに謝る。

💬 초간단 회화

A: もしもし、お客様相談センターですか？
きゃくさまそうだん

B: はい。どんなご用件でしょうか？
ようけん

A: 会員カードを作りたくて。
かいいん　　　　つく

B: では、早速ご案内いたします。
ざっそく　あんない

A: 여보세요, 고객 상담 센터인가요?

B: 네. 어떤 용건이신가요?

A: 회원 카드를 만들고 싶이시요.

B: 그럼, 바로 안내해 드리겠습니다.

※ <주제별 단어 퀴즈 PDF>로 단어를 복습해 보세요.

제조

MP3 바로 듣기

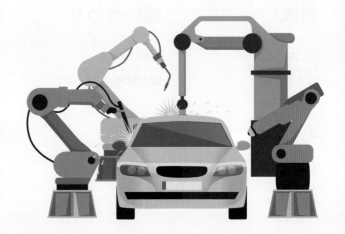

1

제조
せい ぞう
製造

해외에서 **제조**하고 있습니다.
かいがい　せいぞう
海外で製造しています。

2

제조 회사
メーカー

가전 제품 **제조 회사**에서 근무하고 있어.
か でん　　　　　　　　つと
家電メーカーに勤めてる。

3

공장
こうじょう
工場

장난감을 만드는 **공장**입니다.
つく　こうじょう
おもちゃを作る工場です。

4

기계
き かい
機械

기계를 조작하고 있어요.
き かい　そう さ
機械を操作してます。

5

설비
せつ び
設備

최신 **설비**군요.
さいしん　せつ び
最新の設備なんですね。

6

설계
せっけい
設計

가구를 **설계**했어요.
か ぐ　せっけい
家具を設計しました。

7

조립
くみ たて
組立

조립 작업을 하고 있어요.
くみたて さぎょう
組立作業をしています。

8

생산성
せい さん せい
生産性

생산성을 높입니다.
せいさんせい たか
生産性を高めます。

9

납기
のう き
納期

납기까지 얼마 안 남았어.
のう き
納期までもうすぐだ。

10

제품
せい ひん
製品

제품을 만들고 있어요.
せいひん つく
製品を作ってます。

11

품질
ひん しつ
品質

품질을 우선해 생산하고 있어요.
ひんしつゆうせん せいさん
品質優先で**生産**してます。

12

원자재
げん ざい りょう
原材料

원자재는 알루미늄이에요.
げんざいりょう
原材料はアルミです。

13

불량품
ふ りょう ひん
不良品

불량품을 회수했어요.
ふりょうひん かいしゅう
不良品を回収しました。

14

개선
かい ぜん
改善

제품의 단점을 개선했다.
せいひん けってん かいぜん
製品の**欠点**を**改善**した。

15

견적서
み つもりしょ
見積書

견적서, 검토하겠습니다.
みつもりしょ けんとう
見積書、**検討**いたします。

💬 초간단 회화

A: ここでは車の組立作業をしています。
くるま くみたて さぎょう

B: 部品もここで作ってますか？
ぶ ひん つく

A: それは海外で製造しています。
かいがい せいぞう

B: そうなんですね。

A: 여기에선 자동차 조립 작업을 하고 있어요.

B: 부품도 여기서 만드나요?

A: 그건 해외에서 제조하고 있습니다.

B: 그렇군요.

※ <주제별 단어 퀴즈 PDF>로 단어를 복습해 보세요.

농수산

 MP3 바로 듣기

1

농업
のうぎょう
農業

농업을 해 보고 싶어.
のうぎょう
農業をやってみたい。

2

농가
のう か
農家

본가는 양상추 농가입니다.
じっか　　　　　　　のう か
実家はレタス農家です。

3

씨
たね
種

씨를 뿌렸어요.
たね
種をまきました。

4

논
た
田んぼ

논을 갈고 있어요.
た
田んぼをたがやしてます。

5

밭
はたけ
畑

양배추 밭이에요.
はたけ
キャベツの畑です。

6

산지
さん ち
産地

파 산지야.
さん ち
ねぎの産地だよ。

7

농약
のうやく
農薬

농약은 사용하지 않았습니다.
のうやく つか
農薬は使っていません。

8

비료
ひりょう
肥料

비료를 줍시다.
ひりょう
肥料をやりましょう。

9

재배
さいばい
栽培

토마토를 재배하고 있어요.
さいばい
トマトを栽培してます。

10

수확
しゅうかく
収穫

가지는 여름에 수확해.
なつ しゅうかく
なすは夏に収穫する。

11

어업
ぎょぎょう
漁業

어업을 하고 있어요.
ぎょぎょう いとな
漁業を営んでいます。

12

낚시
つ
釣り

오징어 낚시를 해요.
つ
いか釣りをします。

13

그물
あみ
網

그물에 걸렸다!
あみ ひ
網に引っかかってる！

14

어부
りょうし
漁師

할아버지는 어부예요.
そふ りょうし
祖父は漁師です。

15

어선
ぎょせん
漁船

참치잡이 어선에 탔어.
ぎょせん の
まぐろ漁船に乗った。

💬 **초간단 회화**

A: ここは何の畑ですか？
なん はたけ

B: キャベツの畑です。
はたけ

A: まだ何もないんですね。
なに

B: 昨日種をまきましたので。
きのう たね

A: 여기는 무슨 밭이에요?

B: 양배추 밭이에요.

A: 아직 아무 것도 없네요.

B: 어제 씨를 뿌렸거든요.

※ <주제별 단어 퀴즈 PDF>로 단어를 복습해 보세요.

재테크

🎧 MP3 바로 듣기

1

재테크
ざい
財テク

재테크로 돈 벌었다면서?
ざい
財テクでもうけたって？

2

돈
かね
お金

돈 잔뜩 벌고 싶어.
かね
お金をたくさんかせぎたい。

3

부자
かね　も
お金持ち

부자 되고 싶다~!
かね　も
お金持ちになりたい〜！

4

자금
し　きん
資金

자금이 부족해요.
し　きん　た
資金が足りません。

5

투자
とう　し
投資

투자를 시작했어요.
とう　し　はじ
投資を始めました。

6

이익
り　えき
利益

이익이 났어요.
り　えき　で
利益が出ました。

7

주식
かぶ
株

주식을 샀어요.
かぶ　か
株を買いました。

8

주가
かぶ か
株価

주가가 갑자기 올랐어.
かぶか　きゅう　あ
株価が急に上がったんだ。

9

주주
かぶ ぬし
株主

대기업 주주예요.
だい き ぎょう　かぶぬし
大企業の株主です。

10

배당금
はい とう きん
配当金

배당금을 받았어요.
はいとうきん　う　と
配当金を受け取りました。

11

증권
しょう けん
証券

증권을 거래해요.
しょうけん　とりひき
証券を取引します。

12

부동산
ふ どう さん
不動産

부동산을 가지고 있어요.
ふ どうさん　も
不動産を持ってます。

13

시세
そう ば
相場

시세가 내려갔어.
そうば　さ
相場が下がった。

14

환율
レート

환율 얼마야?
レートいくら？

15

자산 운용
し さんうん よう
資産運用

자산 운용 방법
し さんうんよう
資産運用のこつ

🗨 **초간단 회화**

さいきんざい
A: 最近財テクでもうけたって？
も　　かぶ　かぶか　きゅう　あ
B: 持ってた株の株価が急に上がったんだ。
わたし　　　かねも
A: いいな。私もお金持ちになりたい～！
おし
B: いいものあったら教えるよ。

A: 최근에 재테크로 돈 벌었다면서?
B: 갖고 있던 주식의 주가가 갑자기 올랐어.
A: 좋겠다 나두 부자 되고 싶다~!
B: 좋은 거 있으면 알려줄게.

※ <주제별 단어 퀴즈 PDF>로 단어를 복습해 보세요.

은행 / 예금

🎧 MP3 바로 듣기

1

은행
ぎんこう
銀行

은행에 다녀올게.
ぎんこう　い
銀行に行ってくる。

2

계좌
こうざ
口座

계좌를 만들었어요.
こうざ　つく
口座を作りました。

3

통장
つうちょう
通帳

통장은 가지고 있나요?
つうちょう　も
通帳は持ってますか？

4

잔고
ざんだか
残高

잔고가 부족합니다.
ざんだか　た
残高が足りないです。

5

조회
しょうかい
照会

잔액을 조회해 봐.
ざんだか　しょうかい
残高を照会してみて。

6

저금
ちょきん
貯金

달에 얼마 저금해?
つき　ちょきん
月にいくら貯金する？

7

예금
よ きん
預金

예금을 들고 싶어.
よ きん はじ
預金を始めたい。

8

이자, 금리
きん り
金利

이 은행, **이자** 높아.
ぎんこう きん り たか
この銀行、金利高いよ。

9

대출
ローン

대출을 받았어요.
く
ローンを組みました。

10

환전
りょうがえ
両替

달러로 **환전**하고 싶어요.
りょうがえ
ドルに両替したいです。

11

명세서
めい さい
明細

명세서를 확인해 주세요.
めいさい かくにん
明細をご確認ください。

12

발행
はっ こう
発行

신용 카드를 **발행**했어.
はっこう
クレジットカードを発行した。

13

인출하다
ひ だ
引き出す

1만 엔을 **인출**한다.
いちまんえん ひ だ
１万円を引き出す。

14

계좌 이체하다
ふ こ
振り込む

학원비를 **계좌 이체**한다.
じゅくだい ふ こ
塾代を振り込む。

15

수수료
て すうりょう
手数料

수수료가 들어요.
て すうりょう
手数料がかかります。

Chapter 16

해커스 하루 딱! 10분 일본어 필수 단어

💬 **초간단 회화**

よ きん はじ
A: **預金を始めたいけど、どこがいいかな。**
ぎんこう きん り たか
B: **ここはどう？この銀行、金利高いよ。**
ほんとう
A: **どれどれ、あ、本当だ。**
わたし はじ
B: **私も始めようかな。**

A: 예금을 들고 싶은데, 어디가 좋을까?
B: 여긴 어때? 이 은행, 이자 높아.
A: 어디 봐자, 아, 진짜다.
B: 나도 들어 볼까.

※ <주제별 단어 퀴즈 PDF>로 단어를 복습해 보세요.

우편 / 택배

🎧 MP3 바로 듣기

1

우체국
ゆう びん きょく
郵便局

우체국은 역 앞에 있어요.
ゆうびんきょく　えきまえ
郵便局は駅前です。

2

택배
たく はい びん
宅配便

택배를 보내요.
たくはいびん　おく
宅配便を送ります。

3

등기
かき とめ
書留

등기로 부탁드려요.
かきとめ　　ねが
書留でお願いします。

4

편지
て がみ
手紙

편지가 들어 있어요.
て がみ　はい
手紙が入ってます。

5

엽서
は がき
葉書

엽서가 도착했어.
は がき　とど
葉書が届いた。

6

우표
きって
切手

우표를 붙여 주세요.
きって　は
切手を貼ってください。

7

운송장
おく じょう
送り状

운송장 어디에다 붙여?
おく じょう は
送り状はどこに貼る？

8

우편으로 보냄
ゆう そう
郵送

내일 **우편으로 보낼**게요.
あしたゆうそう
明日郵送します。

9

배송
はい そう
配送

배송이 늦어지고 있습니다.
はいそう おく
配送が遅れています。

10

봉투
ふう とう
封筒

봉투에 넣었어요.
ふうとう い
封筒に入れました。

11

(골판지로 된) 택배 상자
だん ぼこ
段ボール箱

택배 상자 하나 주세요.
だん ぼこひと
段ボール箱一つください。

12

주소
じゅうしょ
住所

주소 안 틀렸지?
じゅうしょ まちが
住所間違ってないよね？

13

받는 사람 주소
あて さき
宛先

받는 사람 주소는 어디인가요?
あてさき
宛先はどちらですか？

14

수령
う と
受け取り

우편으로 수령할 수 있습니다.
ゆうびん う と
郵便で**受け取り**できます。

15

삼등분으로 접음
み お
三つ折り

삼등분으로 접어서 넣어.
み お い
三つ折りにして入れて。

💬 초간단 회화

A: これ、書留でお願いします。
かきとめ ねが

B: 中身は何ですか？
なかみ なん

A: 写真と手紙が入ってます。
しゃしん てがみ はい

B: かしこまりました。

A: 이거, 등기로 부탁드려요.

B: 내용물은 무엇인가요?

A: 사신이랑 편지가 늘어 있어요.

B: 알겠습니다.

※ <주제별 단어 퀴즈 PDF>로 단어를 복습해 보세요.

편의점 / 마트

🎧 MP3 바로 듣기

1

편의점
コンビニ

- - - - - - - - - - - - - - -

편의점에서 샀어요.
コンビニで買いました。

2

마트
スーパー

- - - - - - - - - - - - - - -

마트에서 팔고 있어.
スーパーで売ってるよ。

3

장보기, 쇼핑
買い物

- - - - - - - - - - - - - - -

장보러 가자.
買い物に行こう。

4

손님
お客様

- - - - - - - - - - - - - - -

다음 손님 이쪽으로 와 주세요.
次のお客様どうぞ。

5

바구니
かご

- - - - - - - - - - - - - - -

바구니 가져 와.
かご持ってきて。

6

계산대
レジ

- - - - - - - - - - - - - - -

계산대가 혼잡하네.
レジが混んでるね。

7

값
ねだん
値段

생선 **값**이 올랐네.
さかな ねだん あ
魚の値段が上がってる。

8

반값
はん がく
半額

달걀 **반값** 세일 중입니다.
はんがく ちゅう
たまご半額セール中です。

9

할인
わり びき
割引

주먹밥 **할인**하고 있네!
わりびき
おにぎり割引してる！

10

즉석조리 식품
ホットスナック

편의점 **즉석조리 식품**

コンビニのホットスナック

11

기간 한정
き かん げん てい
期間限定

기간 한정 푸딩이에요.
き かんげんてい
期間限定のプリンです。

12

지불
し はら
支払い

지불은 카드로 하시나요?
し はら
お支払いはカードですか？

13

영수증
レシート

영수증은 괜찮습니다.
けっこう
レシートは結構です。

14

거스름돈
おつり

거스름돈이 틀렸어요.
ちが
おつりが違います。

15

비닐봉지
レジ袋

비닐봉지 주세요.
ぶくろ
レジ袋ください。

💬 **초간단 회화**

つぎ きゃくさま
A: 次のお客様どうぞ。

B: はい。
ごひゃくにじゅうえん
A: ５２０円です。
けっこう
B: はい。あっ、レシートは結構です。

A: 다음 손님 이쪽으로 와 주세요.
B: 여기요.
A. 520엔입니다.
B: 여기요. 아, 영수증은 괜찮습니다.

※ <주제별 단어 퀴즈 PDF>로 단어를 복습해 보세요.

백화점

🎧 MP3 바로 듣기

1

백화점
えい ぎょう じ かん
デパート

백화점에 가요.
い
デパートに行きます。

2

영업 시간
えい ぎょう じ かん
営業時間

영업 시간이 끝났습니다.
えいぎょうじかん　お
営業時間が終わりました。

3

본관
ほん かん
本館

본관 4층에 있어.
ほんかん　よんかい
本館の４階にあるよ。

4

별관
べっ かん
別館

별관도 봐 보자.
べっかん　み
別館も見てみよう。

5

(식품을 주로 파는 백화점)
지하 매장
ち か
デパ地下

지하 매장에서 저녁밥 사자.
ち か　ゆうはんか
デパ地下で夕飯買おう。

6

명품
ひん
ブランド品

명품 매장
ひんう　ば
ブランド品売り場

7
면세
めん ぜい
免税

면세 대상 상품입니다.
めんぜいたいしょうしょうひん
免税対象 商品です。

8
일시불
いっ かつ ばら
一括払い

일시불로 부탁해요.
いっかつばら　ねが
一括払いでお願いします。

9
할부
ぶん かつ ばら
分割払い

할부 되나요?
ぶんかつばら
分割払いできますか？

10
상품권
しょうひん けん
商品券

상품권 사용할 수 있나요?
しょうひんけんつか
商品券使えますか？

11
포장
ラッピング

포장 부탁해요.
ねが
ラッピングお願いします。

12
재고
ざい こ
在庫

재고 확인해 보겠습니다.
ざい こ　　かくにん
在庫を確認してみます。

13
환불
へん きん
返金

환불은 영수증이 필요합니다.
へんきん　　　　　　　ひつよう
返金はレシートが必要です。

14
반품
へん ぴん
返品

반품은 가능한가요?
へんぴん
返品はできますか？

15
충동 구매
しょうどう が
衝動買い

충동 구매해 버렸어.
しょうどう が
衝動買いしちゃった。

💬 초간단 회화

A: インテリア用品はどこ？
　　　　　ようひん

B: 本館の４階にあるよ。
　　ほんかん　よんかい

A: よし！行こう。
　　　　　い

B: うん。その後デパ地下で夕飯買おう。
　　　　　　あと　　ち か　ゆうはん か

A: 인테리어 용품은 어디지?

B: 본관 4층에 있어.

A: 좋아! 가자.

B: 응. 그럼에 지하 매장에서 저녁밥 사자.

※ <주제별 단어 퀴즈 PDF>로 단어를 복습해 보세요.

인터넷 쇼핑

🎧 MP3 바로 듣기

1

인터넷 쇼핑
ネット通販 (つう はん)

인터넷 쇼핑으로 샀어.
ネット通販で買ったよ。 (つうはん か)

2

회원 가입
会員登録 (かい いん とう ろく)

회원 가입은 여기에서.
会員登録はこちら。 (かいいんとうろく)

3

관심 상품
お気に入り (き い)

관심 상품에 추가했어.
お気に入りに追加した。 (き い   ついか)

4

장바구니
カート

장바구니에 담아 둘게.
カートに入れておく。 (い)

5

인기 상품
売れ筋 (う   すじ)

가전제품 **인기 상품** 랭킹
家電の売れ筋ランキング (かでん う すじ)

6

결제
決済 (けっ さい)

결제 화면으로 넘어가질 않아.
決済画面に進まない。 (けっさいが めん   すす)

7

배송비
そうりょう
送料

배송비는 무료입니다.
そうりょう　む りょう
送料 は無料です。

8

발송 ⇨
はっそう
発送

상품을 **발송**했습니다.
しょうひん　はっそう
商品を**発送**しました。

9

빠른 배송
いそ　　びん
お急ぎ便

빠른 배송으로 주문했어.
いそ　びん　ちゅうもん
お急ぎ便で注文したよ。

10

쿠폰
クーポン

쿠폰을 받을 수 있습니다.
クーポンがもらえます。

11

캠페인, 이벤트
キャンペーン

배송비 무료 **캠페인**
そうりょうむ りょう
送料無料キャンペーン

12

리뷰
レビュー

리뷰가 1,000건이나 있어.
せん けん
レビューが1,000件もある。

13

증정품 포함
つ
おまけ付き

이거, **증정품 포함**이래.
つ
これ、**おまけ付き**だって。

14

리퍼브 상품
わけ　　　しょうひん
訳あり商品
↳ 정상품보다 질이 떨어지는 상품

리퍼브 상품이라 싸!
わけ　しょうひん　　　やす
訳あり商品だから安い！

15

품절
う　き
売り切れ

품절되었습니다.
う き
売り切れになりました。

💬 **초간단 회화**

A: どのポーチがいいかな？

B: これ、おまけ付きだって。どう？

A: へえ、それにレビューが1,000件もある。

B: じゃあ、レビュー見て決めようか？

A: 어느 파우치가 좋을까?

B: 이거, 증정품 포함이래. 어때?

A: 오, 게다가 리뷰가 1,000건이나 있어.

B: 그럼, 리뷰 보고 정할까?

※ <주제별 단어 퀴즈 PDF>로 단어를 복습해 보세요.

운전

🎧 MP3 바로 듣기

1

운전
うん てん
運転

운전, 잘하시네요.
うんてん　じょうず
運転、上手ですね。

2

차
くるま
車

제 **차**로 안 가실래요?
わたし　くるま　い
私の車で行きませんか？

3

오토바이

バイク

오토바이가 세워져 있어요.
と
バイクが止まってます。

4

자전거
じ てん しゃ
自転車

자전거로 왔어요.
じてんしゃ　き
自転車で来ました。

5

핸들

ハンドル

핸들은 제대로 잡아.
にぎ
ハンドルはしっかり握って。

6

액셀

アクセル

액셀 세게 밟지 마.
つよ　ふ
アクセル強く踏まないで。

7

브레이크
ブレーキ

브레이크 밟아!
ブレーキかけて！

8

안전벨트
シートベルト

안전벨트를 매.
シートベルトを締めて。

9

속도
そく ど
速度

속도를 낮춰 주세요.
そく ど　　お
速度を落としてください。

10

주차
ちゅうしゃ
駐車

주차가 어려워요.
ちゅうしゃ・むずか
駐車が難しいです。

11

후진
バック

좀만 후진해 봐.
ちょっとバックさせて。

12

정차
てい しゃ
停車

갑자기 정차하지 마.
きゅう　　ていしゃ
急に停車しないでよ。

13

면허
めん きょ
免許

드디어 면허 땄어요!
めんきょ　と
やっと免許取りました！

14

초보 운전 마크
しょ しん しゃ
初心者マーク

초보 운전 마크를 붙여 놨어.
しょしんしゃ
初心者マークをつけた。

15

자동 운전
じ どう うん てん
自動運転

자동 운전이 가능해요.
じ どううんてん
自動運転ができます。

Chapter 18

해커스 하루 딱! 10분 일본어 일상 단어

💬 초간단 회화

うんてん　　じょう ず
A: 運転、上手ですね。

B: ありがとうございます。

わたし　　　　ちゅうしゃ　むずか
A: 私はまだ駐車が難しいです。

ぼく
B: 僕もそうですよ。

A: 운전, 잘하시네요.

B: 감사합니다.

A: 저는 아직도 주차가 어려워요.

B: 저도 그래요.

※ <주제별 단어 퀴즈 PDF>로 단어를 복습해 보세요.

길 / 도로

🎧 MP3 바로 듣기

1

길
みち
道

길, 알려 주시겠어요?
みち おし
道、教えてくれますか？

2

도로
どう ろ
道路

도로가 좁아요.
どう ろ せま
道路が狭いです。

3

횡단보도
おう だん ほ どう
横断歩道

횡단보도에서 사고가 많이 나.
おう だん ほ どう じ こ おお
横断歩道での事故が多い。

4

신호등
しん ごう
信号

다음 신호등에서 우회전 해.
つぎ しん ごう う せつ
次の信号で右折して。

5

교차로
こう さ てん
交差点

교차로에서 꺾었어요.
こう さ てん ま
交差点を曲がりました。

6

인도
ほ どう
歩道

인도로 걸읍시다.
ほ どう ある
歩道を歩きましょう。

7

육교
ほ どう きょう
歩道橋

육교로 건너가자.
ほ どうきょう わた
歩道橋を渡ろう。

8

다리
はし
橋

다리를 건넜어요.
はし わた
橋を渡りました。

9

터널
トンネル

긴 터널이네.
なが
長いトンネルだね。

10

표지판
ひょうしき
標識

표지판은 잘 봐야지.
ひょうしき み
標識はちゃんと見ないと。

11

경로
ルート

경로를 선택해 주세요.
えら
ルートを選んでください。

12

편도
かた みち
片道

편도 1시간 걸립니다.
かたみちいち じ かん
片道1時間かかります。

13

왕복
おう ふく
往復

왕복 10킬로예요.
おうふくじゅう
往復10キロですよ。

14

헤매다
まよ
迷う

길을 헤매다.
みち まよ
道に迷う。

15

길치
ほう こう おん ち
方向音痴

엄청난 길치예요.
ほうこうおんち
ものすごい方向音痴です。

💬 **초간단 회화**

いえ みち おし
A: **家までの道、教えてくれますか？**
つぎ しんごう う せつ
B: **まず、次の信号で右折してください。**

A: **わかりました。**
あと い
B: **その後、まっすぐ行ってください。**

A: 집까지 가는 길, 알려 주시겠어요?
B: 먼저, 다음 신호등에서 우회전 해
　주세요.
A: 알겠어요.
B: 그 다음, 앞으로 쭉 가 주세요.

※ <주제별 단어 퀴즈 PDF>로 단어를 복습해 보세요.

차량 관리

🎧 MP3 바로 듣기

1

정기 점검

メンテナンス

차를 정기 점검해요.
くるま
車 をメンテナンスします。

2

자동차 검사
しゃ けん
車検

자동차 검사가 예정돼 있어요.
しゃけん　よてい
車検が予定されています。

3

고장
こ しょう
故障

액셀이 고장났어.
こ しょう
アクセルが故障した。

4

이상
い じょう
異常

차에 이상은 없었어.
くるま　い じょう
車に異常はなかった。

5

수리
しゅう り
修理

수리를 맡겨야겠어.
しゅう り　たの
修理を頼まなきゃ。

6

정비
せい び
整備

차를 정비해요.
くるま　せい び
車を整備します。

7
성능
<ruby>性<rt>せい</rt></ruby><ruby>能<rt>のう</rt></ruby>

엔진 **성능**이 좋아.
エンジンの**<ruby>性能<rt>せいのう</rt></ruby>**がいい。

8
부품
<ruby>部<rt>ぶ</rt></ruby><ruby>品<rt>ひん</rt></ruby>

부품을 교환하고 싶습니다.
<ruby>部品<rt>ぶひん</rt></ruby>を<ruby>交換<rt>こうかん</rt></ruby>したいです。

9
배터리
バッテリー

배터리가 떨어졌어.
バッテリーが<ruby>上<rt>あ</rt></ruby>がった。

10
기름, 휘발유
ガソリン

기름을 넣자.
ガソリンを<ruby>入<rt>い</rt></ruby>れよう。

11
차내
<ruby>車<rt>しゃ</rt></ruby><ruby>内<rt>ない</rt></ruby>

차내를 청소하고 있어요.
<ruby>車内<rt>しゃない</rt></ruby>を<ruby>掃除<rt>そうじ</rt></ruby>してます。

12
내비게이션
カーナビ

내비게이션을 업데이트했어요.
カーナビを<ruby>更新<rt>こうしん</rt></ruby>しました。

13
타이어
タイヤ

타이어가 펑크 난 것 같아.
タイヤがパンクしたみたい。

14
트렁크
トランク

짐은 **트렁크**에 넣어 둬.
<ruby>荷物<rt>にもつ</rt></ruby>は**トランク**に<ruby>入<rt>い</rt></ruby>れて。

15
세차
<ruby>洗<rt>せん</rt></ruby><ruby>車<rt>しゃ</rt></ruby>

집에서 **세차**했어요.
<ruby>家<rt>いえ</rt></ruby>で**<ruby>洗車<rt>せんしゃ</rt></ruby>**しました。

🗨 초간단 회화

A: あ…。タイヤがパンクしたみたい。
B: <ruby>一度<rt>いちど</rt></ruby>、あそこに<ruby>止<rt>と</rt></ruby>めよう。
A: <ruby>状態<rt>じょうたい</rt></ruby>を<ruby>見<rt>み</rt></ruby>て<ruby>修理<rt>しゅうり</rt></ruby>を<ruby>頼<rt>たの</rt></ruby>まなきゃ。
B: そうだね。

A: 아…. 타이어가 펑크 난 것 같아.
B: 한 번, 저기 세우자.
A: 상태를 보고 수리를 맡겨야겠어.
B: 그래야겠지.

※ <주제별 단어 퀴즈 PDF>로 단어를 복습해 보세요.

버스 / 택시

🎧 MP3 바로 듣기

1

버스

バス

- - - - - - - - - - - - - - - -

버스를 타요.
の
バスに乗ります。

2

대중교통
こうきょうこうつうきかん
公共交通機関

- - - - - - - - - - - - - - - -

대중교통을 이용한다.
こうきょうこうつうきかん　つか
公共交通機関を使う。

3

운임
うんちん
運賃

- - - - - - - - - - - - - - - -

운임, 또 올랐어.
うんちん　　　　あ
運賃、また上がった。

4

충전

チャージ

- - - - - - - - - - - - - - - -

카드 충전해야 해.
カードチャージしなきゃ。

5

버스 정류장
てい
バス停

- - - - - - - - - - - - - - - -

버스 정류장에서 기다리고 있어요.
てい　ま
バス停で待ってます。

6

승차장
の　　ば
乗り場

- - - - - - - - - - - - - - - -

5번 승차장은 어디인가요?
ごばんの　ば
5番乗り場はどこですか？

7
운전사
うんてんしゅ
運転手

친절한 **운전사**네.
しんせつ　うんてんしゅ
親切な運転手だね。

8
승객
じょうきゃく
乗客

승차할 **승객**은 여기로.
の　　　　じょうきゃく
お乗りの乗客はこちら。

9
손잡이
かわ
つり革

손잡이를 잡아주세요.
かわ
つり革につかまってください。

10
운행
うんこう
運行

운행이 늦어지고 있어요.
うんこう　おく　　で
運行に遅れが出ています。

11
운행 중단
うんきゅう
運休

운행 중단되었습니다.
うんきゅう
運休となっております。

12
택시
タクシー

택시를 부르자.
よ
タクシーを呼ぼう。

13
빈 차
くうしゃ
空車

저 택시 **빈 차**야.
くうしゃ
あのタクシー空車だよ。

14
미터기
メーター

미터기 확인했어?
かくにん
メーター確認した？

15
교통 체증
じゅうたい
渋滞

교통 체증이 심각해요.
じゅうたい
渋滞がひどいです。

💬 **초간단 회화**

A: バス全然来ないな。
ぜんぜん こ

B: どうしよう。

A: 仕方ない。タクシーを呼ぼう。
し かた　　　　　　　　　　　よ

B: 待って。あのタクシー空車だよ！
ま　　　　　　　　　　くうしゃ

A: 버스 너무 안 오네.
B: 어쩌지.
A: 어쩔 수 없지. 택시를 부르자.
B: 기다려. 저 택시 빈 차야!

※ <주제별 단어 퀴즈 PDF>로 단어를 복습해 보세요.

지하철 / 기차

🎧 MP3 바로 듣기

1

지하철
ち か てつ
地下鉄

- - - - - - - - - - - - - -

돌아가는 건 **지하철**로 갈 거야.
かえ　　ち か てつ　の
帰りは地下鉄に乗る。

2

전철
でん しゃ
電車

- - - - - - - - - - - - - -

전철을 놓쳤어.
でんしゃ　の　おく
電車に乗り遅れた。

3

역
えき
駅

- - - - - - - - - - - - - -

마지막 **역**에서 내려.
さいご　えき　お
最後の駅で降りるよ。

4

표
きっぷ

- - - - - - - - - - - - - -

표를 샀어요.
　　　　か
きっぷを買いました。

5

매표소
　　　う　ば
きっぷ売り場

- - - - - - - - - - - - - -

매표소는 왼쪽에 있어요.
　　　　う ば　ひだり
きっぷ売り場は左です。

6

개찰구
かい さつ
改札

- - - - - - - - - - - - - -

개찰구를 나왔어요.
かいさつ　で
改札を出ました。

7

첫차
しはつ
始発

첫차는 몇 시야?
しはつ　なんじ
始発は何時なの？

8

(지하철) 막차
しゅうでん
終電

막차, 아슬아슬했네.
しゅうでん
終電、ぎりぎりだったね。

9

갈아타다, 환승하다
の　か
乗り換える

야마노테선으로 **갈아탄다**.
やまのてせん　の　か
山手線に**乗り換える**。

10

노약자석
ゆう せん せき
優先席

노약자석을 양보했습니다.
ゆうせんせき　ゆず
優先席を譲りました。

11

만원 전철
まん いん でん しゃ
満員電車

만원 전철은 갑갑해.
まんいんでんしゃ
満員電車はつらい。

12

신칸센
しん かん せん
新幹線
↳ 일본의 고속철도

신칸센을 타 보고 싶어.
しんかんせん　の
新幹線に乗ってみたい。

13

매표기
けん ばい き
券売機

매표기에서 샀어요.
けんばいき　か
券売機で買いました。

14

승차권
じょう しゃ けん
乗車券

승차권 확인할게요.
じょうしゃけん　かくにん
乗車券を確認します。

15

에키벤
えき べん
駅弁
↳ 기차역 도시락

에키벤을 먹고 싶어요.
えきべん　た
駅弁が食べたいです。

💬 **초간단 회화**

しゅうでん
A: 終電、ぎりぎりだったね。
の
B: うん。乗れてよかったよ。
もとい　いえとお
A: 本井くんは家遠いよね？
さいご　えき　お
B: うん。最後の駅で降りるよ。

A: 막차, 아슬아슬했네.
B: 응. 타서 다행이야.
A: 모토이는 집 멀지?
B: 응. 마지막 역에서 내려.

※ <주제별 단어 퀴즈 PDF>로 단어를 복습해 보세요.

비행기/배

🎧 MP3 바로 듣기

1

비행기
ひ こう き
飛行機

비행기 타는 거 처음이야!
ひこうき の   はじ
飛行機乗るの初めて！

2

공항
くう こう
空港

공항으로 향하고 있어요.
くうこう む
空港に向かってます。

3

여권
パスポート

여권 부탁드립니다.
ねが
パスポートお願いします。

4

항공권
こう くう けん
航空券

항공권을 예약했어요.
こうくうけん   よやく
航空券を予約しました。

5

수하물
て に もつ
手荷物

수하물 있으신가요?
て にもつ
手荷物はありますか？

6

탑승구
とう じょう ぐち
搭乗口

탑승구는 8번입니다.
とうじょうぐち   はちばん
搭乗口は８番です。

7
이륙
りりく
離陸

드디어 **이륙**했네!
やっと**離陸**したね！

8
착륙
ちゃくりく
着陸

곧 **착륙**합니다.
ちゃくりく
まもなく **着陸**いたします。

9
지연
ち えん
遅延

비행편이 **지연**되고 있어.
ちえん
フライトが**遅延**している。

10
기내식
き ないしょく
機内食

기내식 맛있었어!
きないしょく
機内食おいしかった！

11
배
ふね
船

배에 탑시다.
ふね の
船に乗りましょう。

12
보트
ボート

보트를 운전해요.
うんてん
ボートを運転します。

13
크루즈
クルーズ

크루즈, 호화롭네.
ごう か
クルーズ、豪華だな。

14
항구
みなと
港

항구에 도착했어요.
みなと つ
港に着きました。

15
결항
けっ こう
欠航

태풍 때문에 **결항**됐어.
たいふう けっこう
台風で**欠航**になったよ。

💬 **초간단 회화**

A: パスポートお願いします。
ねが

B: はい。

A: お預かりする手荷物はありますか？
あず て に もつ

B: スーツケース２つお願いします。
ふん

A: 여권 부탁드립니다.

B: 네.

A: 맡기실 수하물 있으신가요?

B: 캐리어 2개 부탁합니다.

※ <주제별 단어 퀴즈 PDF>로 단어를 복습해 보세요.

전화 / 스마트폰

🎧 MP3 바로 듣기

1

전화
でん わ
電話

전화 안 받아?
でん わ　で
電話に出ないの？

2

휴대폰
けい たい
携帯

제 휴대폰 번호예요.
わたし　けいたいばんごう
私の携帯番号です。

3

스마트폰
スマホ

스마트폰 바꿨어.
か
スマホ変えたの。

4

연락처
れん らく さき
連絡先

연락처 알려 줄래?
れんらくさきおし
連絡先教えてくれる？

5

통화
つう わ
通話

10분간 통화했어요.
じゅっぷんかんつう わ
10分間通話しました。

6

통화 기록
ちゃくしん り れき
着信履歴

통화 기록에 안 남아 있어?
ちゃくしん り れき　　のこ
着信履歴に残ってない？

7

음성 사서함
るすでん
留守電

계속 음성 사서함으로 연결돼.
るすでん
ずっと留守電につながる。

8

(전화를) 다시 걸다
なお
かけ直す

나중에 다시 걸게.
あと　　なお
後でかけ直すね。

9

충전
じゅうでん
充電

빨리 충전해야 해.
はや　じゅうでん
早く充電しなきゃ。

10

앱
アプリ

앱이 켜지질 않네.
ひら
アプリ開かないね。

11

알림
つうち
通知

알림이 쌓여 있어.
つうち
通知がたまってる。

12

메시지
メッセージ

메시지가 왔어.
とど
メッセージが届いた。

13

이모티콘
スタンプ

그 이모티콘 귀엽다!
そのスタンプかわいい！

14

단톡방
グルチャ

'group chat'의 약어

단톡방 들어올래?
はい
グルチャ入る？

15

읽씹
きどく
既読スルー

읽씹하지 마.
きどく
既読スルーしないでよ。

💬 초간단 회화

A: まつもと　　でんわ　　で
　　松本さん、電話に出ないの？

B: うん、ずっと留守電につながる。
　　　　　　るすでん

A: なに
　　何かあるのかな？

B: まだ寝てるのかも。
　　　　ね

A: 마쓰모토, 전화 안 받아?

B: 응, 계속 음성 사서함으로 연결돼.

A: 무슨 일 있나?

B: 아직 자고 있는 걸지도.

※ <주제별 단어 퀴즈 PDF>로 단어를 복습해 보세요.

SNS

🎧 MP3 바로 듣기

1
계정

アカウント

계정 만들었어요!
アカウント作^{つく}りました！

2
로그인

ログイン

로그인이 안 돼.
ログインできない。

3
팔로우

フォロー

최애를 팔로우하고 있어요.
推^おしをフォローしてます。

4
맞팔

相互^{そう ご}フォロー

맞팔 중이야.
相互^{そう ご}フォローしてる。

5
언팔하다

リムる

상대를 언팔한다.
相手^{あい て}をリムる。

6
프사

アイコン

프사 바꿨어?
アイコン変^かえたの？

7

업로드, 게시
とう こう
投稿

사진 **업로드**할게.
しゃしんとうこう
写真**投稿**するね。

8

태그 걸기
づ
タグ付け

나도 **태그 걸어** 줘.
わたし　　　　づ
私も**タグ付け**して。

9

삭제
さく じょ
削除

답글을 **삭제**했어요.
さくじょ
リプを**削除**しました。

10

퍼뜨림, 확산
かく さん
拡散

퍼뜨려 주세요.
かくさん　　ねが
拡散お願いします。

11

화제가 되다

バズる

댄스 영상이 **화제가 되다**.
どうが
ダンス**動画**が**バズる**。

12

입소문
くち
口コミ

입소문이 났어.
くち
口コミがいい。

13

(SNS에서의) 비난 쇄도
えんじょう
炎上

실언으로 **비난이 쇄도**하고 있어.
しつげん　　えんじょう
失言で**炎上**してる。

14

차단

ブロック

왜인지 **차단**당했어.
なぜか**ブロック**された。

15

비공개 계정
かぎ あか
鍵垢

비공개 계정으로 바꿨어요.
かぎあか
鍵垢にしました。

💬 **초간단 회화**

いま　　しゃしんとうこう
A: 今の写真投稿するね。
わたし　　　　づ
B: 私もタグ付けして。

A: オッケー。

B: 「いいね」押しとくね。

A: 방금 찍은 사진 업로드할게.
B: 나도 태그 걸어 줘.
A: 오케이,
B: '좋아요' 찍어 놓을게.

※ <주제별 단어 퀴즈 PDF>로 단어를 복습해 보세요.

컴퓨터 / 인터넷

🎧 MP3 바로 듣기

1

컴퓨터
パソコン

새 **컴퓨터**인가요?
<ruby>新<rt>あたら</rt></ruby> しいパソコンですか？

2

노트북
ノートパソコン

노트북 샀어!
ノートパソコン<ruby>買<rt>か</rt></ruby>った！

3

전원
<ruby>電<rt>でん</rt></ruby><ruby>源<rt>げん</rt></ruby>

컴퓨터 **전원** 켜 줘.
パソコンの<ruby>電源<rt>でんげん</rt></ruby><ruby>入<rt>い</rt></ruby>れて。

4

(전원을) 켬
<ruby>起<rt>き</rt></ruby><ruby>動<rt>どう</rt></ruby>

컴퓨터를 **켜**요.
パソコンを<ruby>起動<rt>きどう</rt></ruby>します。

5

비밀번호
パスワード

비밀번호 잊어버렸다.
パスワード<ruby>忘<rt>わす</rt></ruby>れちゃった。

6

파일
ファイル

파일 갖고 있나요?
ファイル<ruby>持<rt>も</rt></ruby>ってますか？

7

프로그램, 소프트웨어

ソフト

프로그램을 종료합니다.

ソフトを終了します。

8

저장

保存
ほ ぞん

데이터를 **저장**했어요.

データを**保存**しました。
ほ ぞん

9

다운로드

ダウンロード

다운로드 너무 느려.

ダウンロード遅すぎ。
おそ

10

인터넷

インターネット

인터넷으로 알아봤어.

インターネットで調べた。
しら

11

이메일

メール

이메일로 보내 주세요.

メールに送ってください。
おく

12

홈페이지

ホームページ

홈페이지 봐 보는 게 어때?

ホームページ見てみたら？
み

13

(구글에) 검색하다

ググる

노래 가사를 **검색한다**.

曲の歌詞を**ググる**。
きょく か し

14

복붙

コピペ

그대로 **복붙**했어.

そのまま**コピペ**したよ。

15

에러나다

バグる

이 게임, 자주 **에러나**네.

このゲーム、よく**バグる**ね。

💬 **초간단 회화**

A: 会議資料のファイル持ってますか？
かい ぎ し りょう　　　　　　　も

B: はい、持ってます。
も

A: それ、私のメールに送ってください。
わたし　　　　　　おく

B: わかりました。

A: 회의 자료 파일 갖고 있나요?

B: 네, 갖고 있어요.

A: 그거, 제 이메일로 보내 주세요.

B: 알겠습니다.

※ <주제별 단어 퀴즈 PDF>로 단어를 복습해 보세요.

우주 / 과학기술

🎧 MP3 바로 듣기

1

우주
うちゅう
宇宙

우주에 가 보고 싶어.
うちゅう　い
宇宙に行ってみたいな。

2

태양
たい よう
太陽

태양이 눈부셔요.
たいよう
太陽がまぶしいです。

3

지구
ち きゅう
地球

지구를 소중히 하자.
ち きゅう　　たいせつ
地球を大切にしよう。

4

달
つき
月

달이 동그랗네요.
つき　　　　まる
月がまん丸ですね。

5

별
ほし
星

별이 빛나고 있어.
ほし
星がかがやいている。

6

행성
わく せい
惑星

달은 행성이 아니야.
つき　わくせい
月は惑星じゃないよ。

7

관측
かん そく
観測

천체 관측을 하고 있어요.
てんたいかんそく
天体観測をしてます。

8

연구
けん きゅう
研究

우주를 **연구**하고 있어요.
う ちゅう けんきゅう
宇宙を研究してます。

9

실험
じっ けん
実験

실험은 성공했습니다.
じっけん
実験はうまくいきました。

10

가설
か せつ
仮説

그런 **가설**이 있어요.
か せつ
そういう**仮説**があります。

11

기술
ぎ じゅつ
技術

VR **기술**이 사용되었어요.
ぎ じゅつ つか
VR技術が使われました。

12

발명
はつ めい
発明

언제 **발명**되었나요?
はつめい
いつ**発明**されましたか？

13

개발
かい はつ
開発

프로그램을 **개발**하고 있어.
かいはつ
ソフトを**開発**してるよ。

14

특허
とっ きょ
特許

특허를 땄어요.
とっきょ と
特許を取りました。

15

인공 지능
じん こう ち のう
人工知能

인공 지능이 활용됐어.
じんこう ち のう かつよう
人工知能が活用されてる。

💬 초간단 회화

ほし
A: 星がかがやいている。きれい。
ほんとう
B: 本当だね。
う ちゅう い
A: いつかは宇宙に行ってみたいな。
わたし
B: 私も〜。

A: 별이 빛나고 있어. 예쁘다.
B: 정말이네.
A: 언젠간 우주에 가 보고 싶어.
B: 나도~.

※ <주제별 단어 퀴즈 PDF>로 단어를 복습해 보세요.

정부/선거

🎧 MP3 바로 듣기

1

정부
せい ふ
政府

정부의 지원이 있었어.
せい ふ　　 し えん
政府の支援があった。

2

정책
せい さく
政策

정책을 실행했어.
せい さく　 すす
政策を進めた。

3

여론
よ ろん
世論

여론 조사에 답변했어요.
よ ろんちょう さ　 かいとう
世論 調 査に回答しました。

4

회견
かい けん
会見

회견에서 발표되었어.
かいけん　　 はっぴょう
会見で発表されたよ。

5

회담
かい だん
会談

회담에 참석하나 봐.
かいだん　　 さん か
会談に参加するらしい。

6

국회
こっ かい
国会

국회에서 의논하고 있어요.
こっかい　 はな あ
国会で話し合ってます。

7
정당
せい とう
政党

정당에 가입되어 있어요.
せいとう はい
政党に入ってます。

8
대통령
だい とうりょう
大統領

새 대통령이 정해졌어.
あたら だいとうりょう き
新しい大統領が決まった。

9
총리대신
そう り だい じん
総理大臣

총리대신은 누구인가요?
そう り だいじん だれ
総理大臣は誰ですか？

10
선거
せん きょ
選挙

후쿠모토 의원, 선거 나올까?
ふくもとぎいん せんきょで
福本議員、選挙出るかな？

11
후보
こう ほ
候補

어느 후보가 좋을까?
こう ほ
どの候補がいいかな？

12
공약
こう やく
公約

공약을 비교해 봐.
こうやく くら
公約を比べてみて。

13
연설
えん ぜつ
演説

역 앞에서 연설하고 있어요.
えきまえ えんぜつ
駅前で演説してます。

14
투표
とう ひょう
投票

투표하고 왔어요.
とうひょう
投票してきました。

15
사전 투표
き じつ まえ とう ひょう
期日前投票

사전 투표는 언제부터야?
き じつまえとうひょう
期日前投票はいつから？

🗨 초간단 회화

せんきょ だれ い き
A: 選挙、誰に入れるか決めた？
こう ほ
B: まだ。どの候補がいいかな？
こうやく くら しんちょう
A: 公約を比べてみて。慎重にね。

B: うん、そうする。

A: 선거, 누구 찍을지 정했어?

B: 아직. 어느 후보가 좋을까?

A: 공약을 비교해 봐, 신중하게,

B: 응, 그렇게 할게.

※ <주제별 단어 퀴즈 PDF>로 단어를 복습해 보세요.

사고 / 재해

🎧 MP3 바로 듣기

1

사고
じ こ
事故

사고를 당했어요.
じ こ
事故にあいました。

2

재해
さい がい
災害

재해에 대비합시다.
さいがい　そな
災害に備えましょう。

3

불, 화재
か じ
火事

불이야!
か じ
火事だ！

4

지진
じ しん
地震

지진, 괜찮았어?
じ しん　　だいじょう ぶ
地震、大丈夫だった？

5

해일
つ なみ
津波

해일이 일어났었어.
つなみ　　き
津波が来てた。

6

눈사태
な だれ
雪崩

눈사태가 일어났어.
なだれ　お
雪崩が起きた。

7

폭발
ばく はつ
爆発

가스가 폭발했습니다.
ばくはつ
ガスが爆発しました。

8

무너지다
くず
崩れる

다리가 무너지다.
はし くず
橋が崩れる。

9

대피
ひ なん
避難

빨리 대피해 주세요.
ひ なん
すぐに避難してください。

10

재난 대비 훈련
ぼう さい くん れん
防災訓練

재난 대비 훈련이 있었어요.
ぼうさいくんれん
防災訓練がありました。

11

소방대
しょう ぼう たい
消防隊

소방대가 왔어.
しょうぼうたい き
消防隊が来たよ。

12

부상자
にん
けが人

부상자도 없었어.
にん
けが人もいなかった。

13

구조
きゅう じょ
救助

구조를 기다리고 있어요.
きゅうじょ ま
救助を待ってます。

14

복구
ふっ きゅう
復旧

전기가 복구됐어요.
でん き ふっきゅう
電気が復旧しました。

15

자원봉사
ボランティア

자원봉사를 해요.
ボランティアをします。

💬 초간단 회화

A: 地震、大丈夫だった？
じ しん だいじょう ぶ

B: うん。こっちは無事だよ。
ぶ じ

A: よかった。

B: けが人もいなかったみたい。
にん

A: 지진, 괜찮았어?

B: 응. 여긴 무사해.

A: 다행이다.

B: 부상자도 없었던 것 같아.

※ <주제별 단어 퀴즈 PDF>로 단어를 복습해 보세요.

범죄 / 사법

🎧 MP3 바로 듣기

1

범죄
はん ざい
犯罪

음주 운전은 **범죄**예요.
いんしゅうんてん　　はんざい
飲酒運転は犯罪です。

2

훔치다
ぬす
盗む

가방을 **훔치다**.
ぬす
カバンを盗む。

3

사기
さ ぎ
詐欺

사기를 당했어요.
さ ぎ
詐欺にあいました。

4

범인
はん にん
犯人

범인, 잡힐까?
はんにん
犯人、つかまるかな？

5

도둑
どろ ぼう
泥棒

도둑이 들었대.
どろぼう　　はい
泥棒に入られたって。

6

경찰
けい さつ
警察

여보세요, **경찰**인가요?
けいさつ
もしもし、警察ですか？

7

파출소
こう ばん
交番

파출소에 지갑을 전달했어요.
こうばん　さいふ　とど
交番に財布を届けました。

8

신고
つう ほう
通報

빨리 **신고**해야 해.
はや　つうほう
早く**通報**しなきゃ。

9

체포
たい ほ
逮捕

바로 **체포**됐다나 봐.
たい ほ
すぐ**逮捕**されたらしい。

10

법, 법률
ほう りつ
法律

새로운 **법**이 생겼어.
あたら　　　ほうりつ
新しい**法律**ができた。

11

변호사
べん ご し
弁護士

변호사를 부르겠어요.
べんごし　よ
弁護士を呼びますよ。

12

재판
さい ばん
裁判

재판에 출석했습니다.
さいばん　しゅっせき
裁判に出席しました。

13

증거
しょう こ
証拠

증거는 없었어요.
しょうこ
証拠はなかったです。

14

판결
はん けつ
判決

판결이 났어요.
はんけつ　で
判決が出ました。

15

벌금
ばっ きん
罰金

벌금을 물었어.
ばっきん　か
罰金を科せられた。

💬 **초간단 회화**

そと　さわ
A: 外、騒がしいね。
となり　　　　　どろぼう　はい
B: お隣さん、泥棒に入られたって。
たいへん　　　はんにん
A: それは大変だね。犯人、つかまるかな？
はや
B: うーん、早くつかまるといいね。

A: 바깥, 시끄럽네.
B: 이웃집, 도둑이 들었대.
A: 그건 큰일이네. 범인, 잡힐까!
B: 음, 빨리 잡히면 좋겠네.

※ <주제별 단어 퀴즈 PDF>로 단어를 복습해 보세요.

종교

🎧MP3 바로 듣기

1

종교
しゅうきょう
宗教

종교 있으세요?
しゅうきょう
宗教はありますか？

2

기독교
きょう
キリスト教

기독교 성지
きょう　せい ち
キリスト教の聖地

3

불교
ぶっきょう
仏教

불교의 가르침을 배웠다.
ぶっきょう　おし　まな
仏教の教えを学んだ。

4

교회
きょうかい
教会

교회에 다니고 있어요.
きょうかい　かよ
教会に通ってます。

5

절
てら
お寺

아름다운 절이네.
りっ ぱ　　てら
立派なお寺だね。

6

신사
じん じゃ
神社
↪ 신을 모시는 일본의 사당

오래된 신사네요.
ふる　じんじゃ
古い神社ですね。

7

도리이
とり い
鳥居
> 신사 입구의 기둥 문

도리이를 지나갔어요.
とり い　　とお
鳥居を通りました。

8

신
かみ さま
神様

신에게 기도했어요.
かみさま　いの
神様に祈りました。

9

부처님
ほとけ さま
仏様

부처님께 공양해요.
ほとけさま　　そな
仏様にお供えします。

10

신자
しん じゃ
信者

이슬람교 **신자**예요.
きょう　しんじゃ
イスラム教の信者です。

11

성서
せい しょ
聖書

성서를 읽고 있어요.
せいしょ　よ
聖書を読んでます。

12

기도
いの
祈り

기도를 드려요.
いの
祈りをささげます。

13

참배
まい
お参り

참배하러 갔어요.
まい　い
お参りに行きました。

14

오미쿠지
おみくじ
> 운세를 점치기 위해 뽑는 제비

오미쿠지 뽑아요.
ひ
おみくじ引きましょう。

15

부적
まも
お守り

교통안전 부적
こうつうあんぜん　　まも
交通安全のお守り

💬 **초간단 회화**

やまかわ　　　　　　　　　　ひ
A: 山川さん、おみくじ引きましょう。

まえ
B: はい！その前に、これをどうぞ。

なん
A: えっ、何ですか？

か　　こうつうあんぜん　　まも
B: さっき買った交通安全のお守りです。

A: 야마카와 씨, 오미쿠지 뽑아요.

B: 네! 그전에, 이거 받으세요.

A. 이, 뭐에요?

B: 아까 산 교통안전 부적이에요.

※ <주제별 단어 퀴즈 PDF>로 단어를 복습해 보세요.

일본어도 역시,
1위 해커스

japan.Hackers.com

일본어
기초 단어

일상 회화에 유용한
일본어 기초 단어들을
익혀 보아요.

 수(数) ▷

(1) 1~10

0	1	2	3	4	5
れい・ゼロ・まる	いち 一	に 二	さん 三	よん・し 四	ご 五
	6	7	8	9	10
	ろく 六	しち・なな 七	はち 八	きゅう・く 九	じゅう 十

(2) 10~100

10	20	30	40	50
じゅう 十	に じゅう 二十	さんじゅう 三十	よんじゅう 四十	ご じゅう 五十
60	70	80	90	100
ろくじゅう 六十	ななじゅう 七十	はちじゅう 八十	きゅうじゅう 九十	ひゃく 百

(3) 100~1,000

100	200	300	400	500
ひゃく 百	に ひゃく 二百	さんびゃく 三百	よんひゃく 四百	ご ひゃく 五百
600	700	800	900	1,000
ろっぴゃく 六百	ななひゃく 七百	はっぴゃく 八百	きゅうひゃく 九百	せん 千

(4) 1,000~

1,000	2,000	3,000	4,000	5,000
せん 千	に せん 二千	さんぜん 三千	よんせん 四千	ご せん 五千
6,000	7,000	8,000	9,000	10,000
ろくせん 六千	ななせん 七千	はっせん 八千	きゅうせん 九千	いちまん 一万

억	조	실제 숫자를 말해 보아요. 우리말과 같이 큰 단위부터 순서대로 끊어 읽으면 돼요.
おく 億	ちょう 兆	2 4, 8 3 7 이만 — 사천 — 팔백 — 삼십 — 칠 に まん 二万　よんせん 四千　はっぴゃく 八百　さんじゅう 三十　なな 七

※ 우리말 하나, 둘과 같이 개수를 셀 때는 아래와 같이 말해요.

하나	둘	셋	넷	다섯
ひと 一つ	ふた 二つ	みっ 三つ	よっ 四つ	いつ 五つ
여섯	일곱	여덟	아홉	열
むっ 六つ	なな 七つ	やっ 八つ	ここの 九つ	とお 十

수사 (数詞) ▷

(1) 명(人): 사람을 세는 단위

※ '한 명'과 '두 명'은 읽는 법이 특수하므로 주의해서 익혀요.

한 명	두 명	세 명	네 명	다섯 명
ひとり **一人**	ふたり **二人**	さんにん **三人**	よにん **四人**	ごにん **五人**
여섯 명	일곱 명	여덟 명	아홉 명	열 명
ろくにん **六人**	ななにん・しちにん **七人**	はちにん **八人**	きゅうにん **九人**	じゅうにん **十人**

(2) 개(個): 물건을 세는 단위

한 개	두 개	세 개	네 개	다섯 개
いっこ **一個**	にこ **二個**	さんこ **三個**	よんこ **四個**	ごこ **五個**
여섯 개	일곱 개	여덟 개	아홉 개	열 개
ろっこ **六個**	ななこ **七個**	はっこ **八個**	きゅうこ **九個**	じゅっこ **十個**

(3) 자루(本): 긴 모양의 물건을 세는 단위

※ 一, 三, 六, 八, 十 뒤에서는 本의 발음이 달라지므로 주의해서 익혀요.

한 자루	두 자루	세 자루	네 자루	다섯 자루
いっぽん **一本**	にほん **二本**	さんぼん **三本**	よんほん **四本**	ごほん **五本**
여섯 자루	일곱 자루	여덟 자루	아홉 자루	열 자루
ろっぽん **六本**	ななほん **七本**	はっぽん **八本**	きゅうほん **九本**	じゅっぽん **十本**

(4) 권(冊): 책을 세는 단위

한 권	두 권	세 권	네 권	다섯 권
いっさつ 一冊	に さつ 二冊	さんさつ 三冊	よんさつ 四冊	ご さつ 五冊
여섯 권	일곱 권	여덟 권	아홉 권	열 권
ろくさつ 六冊	ななさつ 七冊	はっさつ 八冊	きゅうさつ 九冊	じゅっさつ 十冊

(5) 마리(匹): 동물을 세는 단위

※ 一, 三, 六, 八, 十 뒤에서는 匹의 발음이 달라지므로 주의해서 익혀요.

한 마리	두 마리	세 마리	네 마리	다섯 마리
いっぴき 一匹	に ひき 二匹	さんびき 三匹	よんひき 四匹	ご ひき 五匹
여섯 마리	일곱 마리	여덟 마리	아홉 마리	열 마리
ろっぴき 六匹	ななひき 七匹	はっぴき 八匹	きゅうひき 九匹	じゅっぴき 十匹

(6) 장(枚): 얇고 넓적한 물건을 세는 단위

한 장	두 장	세 장	네 장	다섯 장
いちまい 一枚	に まい 二枚	さんまい 三枚	よんまい 四枚	ご まい 五枚
여섯 장	일곱 장	여덟 장	아홉 장	열 장
ろくまい 六枚	ななまい 七枚	はちまい 八枚	きゅうまい 九枚	じゅうまい 十枚

기초 단어

해커스 하루 딱! 10분 일본어 일상 단어

시간 (時間) ▷

(1) 시(時)

1시	2시	3시	4시	5시	6시
いちじ 一時	にじ 二時	さんじ 三時	よじ 四時	ごじ 五時	ろくじ 六時
7시	8시	9시	10시	11시	12시
しちじ 七時	はちじ 八時	くじ 九時	じゅうじ 十時	じゅういちじ 十一時	じゅうにじ 十二時

(2) 분(分)

※ 一, 三, 四, 六, 八, 十 뒤에서는 分을 ぷん으로 발음하는 것에 주의해서 익혀요.

1분	2분	3분	4분	5분
いっぷん 一分	にふん 二分	さんぷん 三分	よんぷん 四分	ごふん 五分
6분	7분	8분	9분	10분
ろっぷん 六分	ななふん 七分	はちふん・はっぷん 八分	きゅうふん 九分	じゅっぷん 十分
20분	30분	40분	50분	60분
にじゅっぷん 二十分	さんじゅっぷん 三十分	よんじゅっぷん 四十分	ごじゅっぷん 五十分	ろくじゅっぷん 六十分

(3) 초(秒)

1초	2초	3초	4초	5초
いちびょう **一秒**	に びょう **二秒**	さんびょう **三秒**	よんびょう **四秒**	ご びょう **五秒**
6초	7초	8초	9초	10초
ろくびょう **六秒**	ななびょう **七秒**	はちびょう **八秒**	きゅうびょう **九秒**	じゅうびょう **十秒**
20초	30초	40초	50초	60초
に じゅうびょう **二十秒**	さんじゅうびょう **三十秒**	よんじゅうびょう **四十秒**	ご じゅうびょう **五十秒**	ろくじゅうびょう **六十秒**

(4) 시간(時間)

아침	점심	저녁	밤	새벽
あさ **朝**	ひる **昼**	ゆうがた **夕方**	よる **夜**	あ がた **明け方**
오전	오후	과거	현재	미래
ごぜん **午前**	ご ご **午後**	か こ **過去**	げんざい **現在**	み らい **未来**

날짜 (日付) ▷

(1) 월(月)

1월	2월	3월	4월	5월	6월
いちがつ 一月	に がつ 二月	さんがつ 三月	し がつ 四月	ご がつ 五月	ろくがつ 六月
7월	8월	9월	10월	11월	12월
しちがつ 七月	はちがつ 八月	く がつ 九月	じゅうがつ 十月	じゅういちがつ 十一月	じゅう に がつ 十二月

(2) 일(日)

※ 1~10일, 14일, 20일, 24일은 읽는 법이 특수하므로 주의해서 익혀요.

1일	2일	3일	4일	5일
ついたち 一日	ふつか 二日	みっか 三日	よっか 四日	いつか 五日
6일	7일	8일	9일	10일
むいか 六日	なのか 七日	ようか 八日	ここのか 九日	とおか 十日
11일	12일	14일	19일	20일
じゅういちにち 十一日	じゅう に にち 十二日	じゅうよっか 十四日	じゅう く にち 十九日	はつか 二十日
21일	22일	24일	29일	30일
に じゅういちにち 二十一日	に じゅう に にち 二十二日	に じゅうよっか 二十四日	に じゅう く にち 二十九日	さんじゅうにち 三十日

(3) 요일(曜日)

월요일	화요일	수요일	목요일
げつよう び **月曜日**	か よう び **火曜日**	すいよう び **水曜日**	もくよう び **木曜日**
금요일	토요일	일요일	주말
きんよう び **金曜日**	ど よう び **土曜日**	にちよう び **日曜日**	しゅうまつ **週末**

(4) 날(日にち)

어제	오늘	내일	지난주	이번 주	다음 주
きのう **昨日**	きょう **今日**	あした **明日**	せんしゅう **先週**	こんしゅう **今週**	らいしゅう **来週**
지난달	이번 달	다음 달	작년	올해	내년
せんげつ **先月**	こんげつ **今月**	らいげつ **来月**	きょねん **去年**	こ とし **今年**	らいねん **来年**

기념일 (記念日) ▷

신정 (1월 1일)	성인의 날 (1월 둘째 주 월요일)	세쓰분 🖋 (2월 초) 악운을 쫓는 날	건국기념일 (2월 11일)	발렌타인데이 (2월 14일)
がんじつ **元日**	せいじん　ひ **成人の日**	せつぶん **節分**	けんこく き ねん ひ **建国記念の日**	**バレンタイン デー**
히나마쓰리 🖋 (3월 3일) 여자 어린이를 위한 날	춘분의 날 (3월 중순)	골든 위크 🖋 (4월 말~5월 초) 일본 최대 연휴 기간	헌법기념일 (5월 3일)	자연의 날 (5월 4일)
まつ **ひな祭り**	しゅんぶん　ひ **春分の日**	**ゴールデン ウイーク**	けんぽう き ねん ひ **憲法記念日**	ひ **みどりの日**
어린이날 (5월 5일)	오츄겐 🖋 (7~8월) 지인 등에게 감사 선물을 보내는 기간	칠석 (7월 7일)	바다의 날 (7월 셋째 주 월요일)	산의 날 (8월 11일)
ひ **こどもの日**	ちゅうげん **お中元**	たなばた **七夕**	うみ　ひ **海の日**	やま　ひ **山の日**
오봉 🖋 (8월 15일 전후) 조상의 명복을 비는 날	경로의 날 (9월 셋째 주 월요일)	추분의 날 (9월 말)	스포츠의 날 (10월 둘째 주 월요일)	문화의 날 (11월 3일)
ぼん **お盆**	けいろう　ひ **敬老の日**	しゅうぶん　ひ **秋分の日**	ひ **スポーツの日**	ぶん か　ひ **文化の日**
시치고산 🖋 (11월 15일) 3, 5, 7세 아이의 성장을 축하하는 날	근로감사의 날 (11월 23일)	크리스마스 (12월 25일)	한 해의 마지막 날 (12월 31일)	
しち ご さん **七五三**	きんろうかんしゃ　ひ **勤労感謝の日**	**クリスマス**	おおみそか **大晦日**	

센티미터	미터	킬로미터
センチメートル	メートル	キロメートル
밀리그램	그램	킬로그램
ミリグラム	グラム	キログラム
밀리리터	리터	칼로리
ミリリットル	リットル	カロリー
볼트	도 (온도)	평 (넓이)
ボルト	ど 度	つぼ 坪

방위 / 위치 (方角/位置) ▷

(1) 방위(方角)

동쪽	서쪽	남쪽	북쪽
ひがし 東	にし 西	みなみ 南	きた 北

(2) 위치(位置)

위	아래	가운데	앞	뒤
うえ 上	した 下	なか 中	まえ 前	うし 後ろ
왼쪽	오른쪽	옆	안	밖
ひだり 左	みぎ 右	となり 隣	うち 内	そと 外

계절 / 날씨 (季節/天気) ▷

(1) 계절(季節)

봄	여름	가을	겨울
はる 春	なつ 夏	あき 秋	ふゆ 冬

(2) 날씨(天気)

맑음	흐림	비	눈	바람
は 晴れ	くも 曇り	あめ 雨	ゆき 雪	かぜ 風
천둥	번개	소나기	장마	태풍
かみなり	いなずま	あめ にわか雨	つゆ 梅雨	たいふう 台風
따뜻하다	덥다	무덥다	시원하다	춥다
あたた 暖かい	あつ 暑い	あつ むし暑い	すず 涼しい	さむ 寒い

가족 (家族) ▷

※ 다른 사람에게 나의 가족을 소개할 때는 괄호 안의 말을 써요.

엄마	아빠	형/오빠	언니/누나	남동생
かあ **お母さん** はは **(母)**	とう **お父さん** ちち **(父)**	にい **お兄さん** あに **(兄)**	ねえ **お姉さん** あね **(姉)**	おとうと **弟**
여동생	할머니	할아버지	삼촌/외삼촌	이모/고모
いもうと **妹**	**おばあさん** そ ぼ **(祖母)**	**おじいさん** そ ふ **(祖父)**	**おじさん** **(おじ)**	**おばさん** **(おば)**
사촌 형제	남자 조카	여자 조카	손주	남편
いとこ	**おい**	**めい**	まご **孫**	おっと **夫**
아내	아들	딸	부모님	친척
つま **妻**	むす こ **息子**	むすめ **娘**	りょうしん **両親**	しんせき **親戚**
형제	자매	첫째	막내	외동
きょうだい **兄弟**	し まい **姉妹**	ちょうし **長子**	すえ こ **末っ子**	ひとり こ **一人っ子**

빨강	분홍	주황	노란색	초록
あか 赤	ピンク	オレンジ	き いろ 黄色	みどり
연두	파랑	하늘색	남색	보라
うす 薄みどり	あお 青	みずいろ 水色	いろ あい色	むらさき
갈색	베이지	회색	검정	하양
ちゃいろ 茶色	ベージュ	はいいろ 灰色	くろ 黒	しろ 白
금색	은색	무지개 색	진하다	연하다
きんいろ 金色	ぎんいろ 銀色	にじいろ 虹色	こ 濃い	うす 薄い

해커스 하루 딱! 10분 일본어상 단어

ㅁ

ㅅ

해커스 하루 딱! 10분 일본어 일상 단어

오아후 상권 오급을 하루 막! 스킬북 해커스

해커스 하루 딱! 10분 일본어 완성 단어

ㅊ

ㅊ~ㅋ

ㅎ

아

해커스 하루 딱! 10분 일본어 상용 단어

해커스
하루 딱! 10분
일본어
일상 단어

초판 3쇄 발행 2024년 12월 16일
초판 1쇄 발행 2023년 7월 10일

지은이	해커스 일본어연구소
펴낸곳	㈜해커스 어학연구소
펴낸이	해커스 어학연구소 출판팀

주소	서울특별시 서초구 강남대로61길 23 ㈜해커스 어학연구소
고객센터	02-537-5000
교재 관련 문의	publishing@hackers.com
	해커스일본어 사이트(japan.Hackers.com) 교재 Q&A 게시판
동영상강의	japan.Hackers.com

ISBN	978-89-6542-604-2 (13730)
Serial Number	01-03-01

일본어 교육 1위
해커스일본어(japan.Hackers.com)
㎐ 해커스일본어

· 해커스 스타강사의 **일본어 인강**(교재 내 할인쿠폰 수록)
· QR코드를 찍어 바로 듣는 **단어·예문·회화 MP3**
· 주제별 단어 퀴즈 및 JLPT N4 하프모의고사
· **일본어 회화 동영상강의, 단어장 암기 영상, 데일리 학습자료 등** 다양한 무료 일본어 학습 콘텐츠

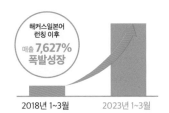